U0915153

# 敦当高速公路建设大事记

Memorabilia of Dun-Dang Expressway Construction

王方亮　马　龙　杨　涛　常晓光　王　寅　主编

人民交通出版社股份有限公司
北　京

## 内 容 提 要

本书详细记载柳格国家高速公路（$G30_{11}$）敦煌至当金山口高速公路项目建设历程，记录工程建设、运营情况，着重记载建设过程中的阶段性大事、要事，大力弘扬项目以“品牌工程”为基础的工程创优精神，图文并茂地展现敦当人燃情戈壁的大干苦干风采。

本书适合公路建设领域工作人员阅读，也可供感兴趣的读者参考。

**图书在版编目（CIP）数据**

敦当高速公路建设大事记 / 王方亮等主编 . — 北京 : 人民交通出版社股份有限公司，2022.9

ISBN 978-7-114-17838-2

Ⅰ. ①敦…　Ⅱ. ①王…　Ⅲ. ①高速公路—道路建设—大事记—甘肃　Ⅳ. ① U412.36

中国版本图书馆 CIP 数据核字 (2022) 第 023479 号

Dun-Dang Gaosu Gonglu Jianshe Dashiji

**书　　名：** 敦当高速公路建设大事记
**著 作 者：** 王方亮　马　龙　杨　涛　常晓光　王　寅
**责任编辑：** 屈闻聪
**责任校对：** 席少楠
**责任印制：** 刘高彤
**出版发行：** 人民交通出版社股份有限公司
**地　　址：**（100011）北京市朝阳区安定门外外馆斜街3号
**网　　址：** http：//www.ccpcl.com.cn
**销售电话：**（010）59757973
**总 经 销：** 人民交通出版社股份有限公司发行部
**经　　销：** 各地新华书店
**印　　刷：** 北京印匠彩色印刷有限公司
**开　　本：** 787×1092　1/16
**印　　张：** 14.5
**字　　数：** 300千
**版　　次：** 2022年9月　第1版
**印　　次：** 2022年9月　第1次印刷
**书　　号：** ISBN 978-7-114-17838-2
**定　　价：** 148.00元

# 《敦当高速公路建设大事记》编写委员会

# 《敦当高速公路建设大事记》编写组

主　编：王方亮　马　龙　杨　涛　常晓光　王　寅

编　辑：王　寅　常伟学　杨　鹏　宋健强　许　伟
杜升云　金　刚　张丽珺　杨惠宇　贺　健
张　明　李建兴　周金源　王瑞锋　卢卫新
张心贤

统　稿：王　寅　贺　健

校　核：马　龙　王　寅　汪晓霞　赵志毅　胡俊璐

# 本书常见全称及简称对照表

| 序号 | 全　称 | 简　称 |
| --- | --- | --- |
| 1 | 中华人民共和国交通运输部 | 交通运输部 |
| 2 | 敦煌至当金山口高速公路 | 敦当高速公路 |
| 3 | 柳园至格尔木高速公路 | 柳格国高 |
| 4 | 甘肃省发展和改革委员会 | 省发改委 |
| 5 | 甘肃省交通建设集团有限公司 | 省交建集团 |
| 6 | 甘肃省住房和城乡建设厅 | 省住建厅 |
| 7 | 甘肃省交通工程质量安全监督管理局 | 省交通质监局 |
| 8 | 甘肃省交通运输厅投融资管理办公室 | 省交通厅投融资办 |
| 9 | 甘肃敦当高速公路项目管理有限公司 | 敦当项目公司 |
| 10 | 甘肃省公路交通建设集团有限公司 | 省公交建集团 |
| 11 | 甘肃路桥建设集团有限公司 | 甘肃路桥 |
| 12 | 中铁十九局集团有限公司 | 中铁十九局 |
| 13 | 中铁十五局集团有限公司 | 中铁十五局 |
| 14 | 中铁五局集团有限公司 | 中铁五局 |
| 15 | 甘肃万泰建设工程有限公司 | 甘肃万泰 |
| 16 | 甘肃华恒建筑工程有限公司 | 甘肃华恒 |
| 17 | 甘肃华运环境建设工程股份有限公司 | 甘肃华运 |
| 18 | 甘肃新网通科技信息有限公司 | 甘肃新网通 |
| 19 | 总监理工程师办公室 | 总监办 |
| 20 | 施工试验Ⅰ合同段 | DDSY Ⅰ合同段 |
| 21 | 施工试验Ⅱ合同段 | DDSY Ⅱ合同段 |
| 22 | 工程可行性研究 | 可研 |

# 前言

PREFACE

建设敦当高速公路是深入贯彻落实交通强国战略和“一带一路”倡议，支持甘肃经济社会发展的重要举措，是国家向西连接新疆、西藏地区的重要通道，对完善国家高速公路网布局、提升国家高速公路的整体效率和规模效益、加强民族团结、维护国家安全稳定、改善沿线群众生活、促进边疆地区经济社会协调发展、完善西部及国家公路网都具有十分重要的意义。

敦当高速公路项目地处高寒、高海拔、强紫外线、大风沙、蚊虫肆虐、鼠疫重灾区的沙漠戈壁，年平均沙尘天气超过 100 天，恶劣的自然环境严重制约项目建设，控制性工程全年有效工期不足 6 个月，施工任务极为繁重，加之受疫情影响，更面临重重困难。在历时 7 年的建设过程中，项目受到各级领导的高度重视，得到属地政府和沿线群众的大力支持，这为顺利完成建设任务创造了有利条件。《敦当高速公路建设大事记》（简称“本书”）秉承交通为民的思想，积极践行社会主义核心价值观，大力弘扬“两路精神”，以图文并茂的形式，全过程、全方位记录 7 年的建设历程，力求生动形象地展示敦当人燃情戈壁、不怕苦、不怕累、大干苦干的精神风貌，以此激励更多的公路人踔厉奋发、笃行不怠，为加快建设交通强国做出更大贡献。

本书记录了敦当高速公路建设项目的实施过程。读者可通过本书了解这条重要的“联络线”。敦当高速公路的起点位于敦煌北吕家堡，途经七里镇、沙枣园子自然保护区和阿克塞哈萨克族自治县，在当金山北侧戈壁滩展线升坡至大鄂博图，通过两座特长隧道穿越当金山和阿尔金山，终点与已建成的当金山至大柴旦段高速公路起点相接。路线全长196.355千米。敦当高速公路是柳园至格尔木国家高速公路（$G30_{11}$）的重要组成部分，是连云港至霍尔果斯国家高速公路（G30）和北京至西藏国家高速公路（G6）的重要联络线，是连接甘肃和青海两省的重要通道，也是甘肃省批准采用政府和社会资本合作（PPP）建设模式的首条国家高速公路，在国家和区域路网中居重要地位。敦当高速公路2004年12月被正式纳入国家高速公路网。同年5月，敦当项目公司成立。同年6月30日，敦当项目公司正式揭牌运营，敦当高速公路正式开始建设。全线共设置特大桥6483米/3座，大桥4608.4米/14座，中桥1380.28米/19座，小桥40座，涵洞197道，特长隧道11945米/2座，桥隧比例为14.2%，沿线共有服务设施13处，其中包括服务区2处、停车区2处。敦当高速公路通车运营后接入“智慧高速”综合管理云平台和建管养一体化信息系统，实行“数据一个库、监管一张网、管理一条线”，促进了公路与5G、大数据、云计算、区块链和互联网等技术的融合。

由于编写时间仓促，不足之处敬请读者朋友批评指正。

**作　者**

**2022年6月**

# 目录

CONTENTS

## 2004年



## 2011年



## 2012年



## 2013年

## 2014 年



## 2015 年



## 2016 年

## 2017 年

## 2018 年

## 2019 年

## 2020 年

## 2021 年

## 2022 年



## 附录

# 2004年

## 敦当高速公路被纳入国家高速公路网

2004 年 12 月，国务院批准实施《国家高速公路网规划》，瓜州—敦煌—格尔木高速公路作为连霍高速公路（G30）和京藏高速公路（G6）的联络线，正式纳入国家高速公路网进行建设实施，路线名称为柳园至格尔木高速公路（简称“柳格国高”），编号为 $G30_{11}$，路线控制点为柳园、瓜州、敦煌、阿克塞、当金山、花海子、大柴旦、察尔汗盐湖、格尔木。

敦当高速公路建设

# 大事记

# 2011年

## 1 敦当高速公路项目工程可行性研究工作正式启动

2011 年初，甘肃省交通运输厅印发《关于委托柳格国家高速公路甘肃境瓜州至当金山口段工程可行性研究任务的函》（甘交规划函〔2011〕148 号），委托甘肃省公路网规划办公室编制《柳格国高（$G30_{11}$）敦煌至当金山口段公路工程可行性研究报告》，正式启动敦当高速公路项目工程可行性研究工作。

## 2 敦当高速公路项目工程可行性研究第一阶段工作完成

2011 年 2 月下旬至 4 月中旬，敦当高速公路项目工程可行性研究组与酒泉市相关部门对接沟通，了解项目实施背景，掌握项目所处区域概况，研究项目建设重点，制定详细工作大纲，收集有关项目影响区社会经济、交通运输、地形图、地质图等资料，在此基础上初步形成了路线方案，并实地进行路线方案、工程方案等外业踏勘调查工作，同时与沿线各地方政府接洽，共同研究商议，进一步完善了路线方案，完成了敦当高速公路项目工程可行性研究第一阶段工作。

敦当高速公路建设

# 大事记

## 2012年

## 敦当高速公路项目工程可行性研究第二阶段工作完成

2012年4月下旬至7月下旬，敦当高速公路项目工程可行性研究组对社会经济、交通量等影响项目工程实施的因素进行实地详细调研。根据现场调查情况，研究组科学论证分析，精准预测估算，综合各方意见，进一步调整优化路线方案，集中进行内业报告工作，最终完成“敦当高速公路项目工程可行性研究报告（送审稿）”。

敦当高速公路建设

# 大事记

# 2013年

## 1 《国家公路网规划（2013 年—2030 年）》明确敦当高速公路路线编号、功能定位不变

2013 年 5 月，国务院批准《国家公路网规划（2013 年—2030 年）》，柳格国高瓜州—敦煌—当金山高速公路路线编号、功能定位不变。柳格公路是 1981 年 11 月国家规划的国家干线公路（即 G215 线）和 2001 年 8 月国家计划委员会（现国家发展和改革委员会）出台的《西部开发重点专项规划》中 8 条西部大通道之一的西宁—库尔勒公路的组成路段，是进入青海格尔木和西藏拉萨的又一条便捷运输通道。

## 2 甘肃、青海两省协调敦当高速公路项目规划及设计标准事宜

2013 年 10 月，经甘肃省交通运输厅和青海省交通运输厅协商签订《关于甘青两省省际公路规划建设协议书》，明确柳格高速公路（$G30_{11}$）敦煌至当金山高速公路甘青界限控制点位于当金山南（原 G215 线 275 千米 +000 米），与青海省已建成的柳格高速公路（$G30_{11}$）当金山至格尔木高速公路同标准顺接。

## 3 敦当高速公路项目工程可行性研究第三阶段工作完成

2013 年 10 月，省发改委组织项目建设单位、审查单位（陕西省交通规划设计研究院）、可研报告编制单位以及项目所在地区相关政府部门，赴敦当高速公路项目工程现场进行实地查看，对工程方案进行沟通，可研报告编制单位根据现场调研意见，对部分工程方案进行了补充完善，并根据甘青两省交通运输厅就本项目签订的接线协议，对可研报告进行修改完善。

敦当高速公路建设

# 大事记

# 2014 年

## 1 省交建集团成立

2014年4月24日，由甘肃省交通运输厅出资，通过新设合并方式成立省交建集团（2019年改组为甘肃省公路交通建设集团有限公司）。新成立的省交建集团是集资本运营、项目开发、工程建设、设计咨询、科研开发及现代物流为一体的大型国有独资企业。

## 2 敦当高速公路项目工程可行性研究第四阶段工作完成

2014年9月26日，省发改委组织召开项目可研报告预审会议。会后，可研报告编制单位根据预审会议精神和咨询审查意见，对可研报告进行第四次补充完善。

## 3 敦当高速公路项目工程可行性研究第五阶段工作完成

2014年10月，敦当高速公路项目工程可行性研究组组织相关专家和技术人员深入工程现场，重点对敦煌过境段和当金山越岭段的路线方案，以及当金山越岭段的工程地质情况等进行进一步实地查看和调绘，并对可研报告进行补充完善。

敦当高速公路建设

# 大事记

# 2015年

## 1 敦当高速公路项目工程可行性研究第六阶段工作完成

2015 年 3 月，根据交通运输部新颁布的《公路工程技术标准》（JTG B01—2014），项目研究组对可研报告进行了第六次修改完善。

## 2 省住建厅同意敦当高速公路项目选址方案

2015 年 10 月 15 日，省住建厅印发《甘肃省住房和城乡建设厅关于柳格国高（$G30_{11}$）敦煌至当金山公路工程选址的批复》，同意敦当高速公路项目建设选址方案。

## 3 甘肃省交通运输厅同意将当金山特长隧道、大鄂博图沟特大桥及阿尔金山特长隧道作为控制性工程试验段先行实施

2015 年 11 月 24 日，甘肃省交通运输厅印发《关于柳格国高（$G30_{11}$）敦煌至当金山高速公路控制性工程试验段初步设计的批复》，同意将项目建设范围内的当金山特长隧道、大鄂博图沟特大桥及阿尔金山特长隧道作为控制性工程试验段先行实施，便于研究总结甘青两省交界处高寒地区复杂地形、地质条件下的高速公路特长隧道及特大桥梁施工质量安全控制经验，探索全线科学的施工方案和控制参数。

2015 年 8 月 7 日，设计人员进行外业勘察设计

敦当高速公路建设

# 大事记

# 2016年

## 1 敦当高速公路项目试验段施工及监理招标工作顺利完成

2016 年 1 月 12 日，省交建集团完成敦当高速公路项目试验段施工及监理招标工作，确定 DDSY Ⅰ合同段和 DDSY Ⅱ合同段中标单位分别为西部中大建设集团股份有限公司（现更名为“华邦建投集团股份有限公司”）和甘肃路桥建设集团有限公司，监理中标单位为山东格瑞特监理咨询有限公司。

## 2 敦当高速公路项目通过物有所值评价，项目初定 PPP 投融资模式

2016 年 4 月 1 日，甘肃省交通运输厅召开敦当高速公路项目物有所值评价报告及财政承受能力报告初审会议，经多方专家和甘肃省交通运输厅相关处室负责人研究讨论，形成专家组意见，敦当高速公路项目物有所值评价顺利通过，项目适宜采用 PPP 投融资模式。

## 3 甘肃省交通运输厅发文确定试验段工程采用传统模式进行管理

2016 年 5 月 23 日，甘肃省交通运输厅印发《关于柳格国高（$G30_{11}$）敦煌至当金山高速公路试验段两阶段施工图设计及预算的批复》，对该项目试验段两阶段施工图设计及预算进行批复，确定试验段工程采用传统模式进行管理，建设管理法人为省交建集团。

## 4 敦当项目公司正式成立

2016年5月，省交建集团印发《关于项目管理分公司内设机构的通知》，决定成立敦当项目公司。

## 5 省交建集团聘任敦当项目公司主要负责人

2016年5月，省交建集团聘任王方亮为敦当项目公司常务副经理，陈海明为敦当项目公司副经理，刘杰为敦当项目公司总工程师。

## 6 时任省交建集团总经理赵发章调研敦当高速公路项目试验段建设情况

2016年6月1日，时任省交建集团总经理赵发章调研敦当高速公路项目试验段建设情况。赵发章深入项目DDSY Ⅰ、DDSY Ⅱ合同段施工现场，先后查看了试验段驻地建设、阿尔金山隧道开挖及安全培训体验馆建设情况。

省交建集团总经理赵发章（前排左三）调研敦当高速公路项目试验段建设情况

## 7 敦当项目公司完成工商注册

2016年6月7日，敦当项目公司完成工商注册。

新成立的敦当项目公司办公址（G215七里镇服务区）

## 8 敦当高速公路项目试验段中心试验室招标工作完成

2016年6月29日，省交建集团完成敦当高速公路项目试验段中心试验室招标工作，确定中标单位为甘肃省公路工程质量试验检测中心有限公司。

## 9 敦当项目公司正式揭牌

2016年6月30日，敦当项目公司正式揭牌，时任甘肃省交通运输厅安全监督处处长陈亚民、省交建集团党委书记裴古安及甘肃路桥、甘肃省交通科学研究院有限公司、甘肃省交通工程建设监理有限公司、甘肃省交通服务公司、甘肃省公路运输服务中心等有关单位负责人出席揭牌仪式。

敦当项目公司正式揭牌

## 10 甘肃省交通领域首个安全培训体验馆揭牌

2016年6月30日，敦当高速公路项目DDSY Ⅱ合同段安全体验馆正式开馆，时任甘肃省交通运输厅安全监督处处长陈亚民与省交建集团党委书记裴古安共同为敦当高速公路项目DDSY Ⅱ合同段安全培训体验馆揭牌。

甘肃省首个安全培训体验馆开馆

## 11 省交建集团举行敦当高速公路项目试验段工程廉政责任书签订仪式

2016 年 7 月 18 日，省交建集团举行敦当高速公路项目试验段工程廉政责任书签订仪式。时任省交建集团党委书记裴古安、总经理赵发章、副总经理李向阳及敦当高速公路项目试验段参建单位党委负责人出席了签订仪式。

## 12 敦当高速公路项目总监办招标工作顺利完成

2016 年 7 月 22 日，省交建集团完成敦当高速公路项目总监办招标工作，确定中标人为深圳高速工程顾问有限公司。

## 13 时任甘肃省交通运输厅党组书记、厅长康军调研敦当高速公路项目试验段建设情况

2016 年 7 月 31 日，时任甘肃省交通运输厅党组书记、厅长康军调研敦当高速公路项目试验段建设情况，并慰问一线职工，时任省交建集团董事长乔松青陪同调研。

甘肃省交通运输厅党组书记、厅长康军（右二）调研敦当高速公路项目试验段建设情况 (1)

时任甘肃省交通运输厅党组书记、厅长康军调研敦当高速公路项目试验段建设情况（2）

## 14 时任省交建集团副总经理李向阳莅临敦当高速公路项目调研建设情况

2016 年 8 月 10 日，时任省交建集团副总经理李向阳调研敦当高速公路建设项目，实地查看敦当高速公路项目试验段当金山隧道、阿尔金山隧道、大鄂博图沟特大桥等控制性工程的建设情况，观摩了安全培训体验馆。

## 15 时任酒泉市人大常委会副主任浩升督查敦当高速公路项目群防群治和鼠疫防控工作

2016 年 8 月 18 日，时任酒泉市人大常委会副主任浩升到敦当高速公路项目 DDSY Ⅰ、DDSY Ⅱ合同段督查群防群治和鼠疫防控工作。浩升查看了敦当高速公路项目 DDSY Ⅰ、DDSY Ⅱ合同段驻地、当金山隧道、大鄂博图沟特大桥、阿尔金山隧道施工现场，仔细询问了工地人员的生产生活和务工人员工资发放情况，并对项目建设过程中群防群治和鼠疫防控工作提出了具体要求。

酒泉市人大常委会副主任浩升（右二）督查敦当高速公路项目群防群控及鼠疫防控工作

## 16 时任甘肃省交通运输厅党组成员、副厅长刘建勋到敦当高速公路项目试验段检查工作

2016年8月20日，时任甘肃省交通运输厅党组成员、副厅长刘建勋到敦当高速公路项目试验段检查工作。刘建勋先查看了敦当高速公路项目整体线路规划中下穿高压线、跨越铁路、穿越沙漠地段的方案，之后到阿尔金山隧道出口施工现场查看掘进情况，检查场站标准化建设情况。

时任甘肃省交通运输厅党组成员、副厅长刘建勋（左四）调研敦当高速公路项目（1）

时任甘肃省交通运输厅党组成员、副厅长刘建勋（前排左二）调研敦当高速公路项目（2）

## 17 中共甘肃省交通建设集团有限公司委员会正式批复敦当项目公司机构设置

2016年8月26日，中共甘肃省交通建设集团有限公司委员会印发《关于敦当高速公路项目管理公司机构设置的批复》，正式批复敦当项目公司为工商注册登记的独立法人实体，内设质量监理科、工程技术科、征迁协调科、安全管理科、综合办公室。

## 18 甘肃省交通运输厅正式批复敦当高速公路项目当金山南至终点试验段初步设计方案

2016年9月13日，甘肃省交通运输厅印发《关于柳园至格尔木国家高速公路（$G30_{11}$）敦煌至当金山段当金山南终点试验段（K297+275.448—K313+745.285）初步设计的批复》。

## 19 敦当项目公司举办敦当高速公路项目第一届秋季运动会

2016年10月1日，敦当项目公司举办以“凝心聚力、团结奋进”为主题的第一届秋季运动会。

敦当高速公路项目第一届秋季运动会参会人员合影

## 20 时任省交建集团纪委书记滕兆虎对敦当高速公路项目进行廉政专项督查

2016年10月11日，时任省交建集团纪委书记滕兆虎对敦当高速公路项目进行廉政专项督查。

## 21 敦当项目公司与阿克塞哈萨克族自治县人民检察院举行“检企共建”工作启动仪式

2016年10月21日，敦当项目公司与阿克塞哈萨克族自治县人民检察院举行“检企共建”工作启动仪式。时任省交建集团党委书记裴古安、阿克塞哈萨克族自治县人民检察院检察长王安明出席启动仪式。双方共同观看了“廉政建设”警示教育片，签订“检企共建”活动协议。

敦当高速公路项目“检企共建”启动仪式

## 22 时任省交通质监局局长赵河清调研敦当高速公路项目试验段建设

2016年10月22日，时任省交通质监局局长赵河清调研敦当高速公路项目试验段建设情况。在阿尔金山隧道施工现场，赵河清实地查看隧道围岩、钢筋加工厂以及场站建设和工地试验室工作运行情况，并听取了工程进展情况汇报。

时任甘肃省交通质监局局长赵河清（前排右三）调研指导敦当高速公路项目

## 23 敦当高速公路项目当金山南至终点试验段两阶段施工图设计及预算完成批复

2016年11月10日，甘肃省交通运输厅印发《关于柳格国高（$G30_{11}$）敦煌至当金山公路当金山南至终点试验段两阶段施工图设计及预算的批复》，正式批复敦当高速公路项目当金山南至终点试验段两阶段施工图设计及预算。

## 24 甘肃省交通运输厅质量安全督查组督查敦当高速公路项目建设情况

2016年11月15日至16日，甘肃省交通运输厅质量安全督查组对敦当高速公路项目建设情况进行综合督查。督查组通过现场查看与座谈、工程实体抽检、查阅资料和听取项目建设情况汇报等方式，对敦当高速公路项目建设程序、现场质量安全控制及管理行为、工程实体质量、进城务工人员工资发放及计量支付等进行全面督查。

甘肃省交通运输厅质量安全督查组督查敦当高速公路项目建设情况

## 25 敦当项目公司变更注册资本及投资人信息

2016年11月24日，敦当项目公司注册资本由原来5000万元变更为10000万元；投资人由原“省交建集团：5000万元”变更为“省交建集团：5000万元，宁波梅山保税港区交建敦当一期股权投资基金合伙企业（有限合伙）：5000万元”。

## 26 敦当高速公路项目当金山南至终点试验段土建工程施工及监理招标顺利完成

2016年12月12日，省交建集团完成敦当高速公路项目当金山南至终点试验段土建工程施工及监理招标工作，确定施工中标单位为中铁二十三局集团有限公司，确定监理中标单位为北京德通达交通工程监理咨询有限责任公司。

## 27 省交通质监局检查组对敦当高速公路项目进行安全生产大检查

2016年12月23日至24日，省交通质监局对敦当高速公路项目进行安全生产大检查。

本次检查重点为各参建单位安全生产自查自纠活动开展情况、上级会议精神和文件学习落实情况及安全生产“五落实、五到位”贯彻情况等，并查看了现场施工用电、特种作业人员持证上岗、施工现场安全防护情况。

省交通质监局检查组检查敦当高速公路项目安全生产工作

## 28 省交建集团对敦当高速公路项目进行年终检查考核

2016年12月23日至24日，省交建集团对敦当高速公路项目进行年终检查考核。考核组查看了项目冬季施工质量安全管控情况，文明施工管理情况，质量、安全、廉政管控体系运行情况，务工人员工资发放及计量支付内业资料。

# 2016年主要建设情况

2016年，敦当高速公路项目重点任务为试验段一期工程建设。该项目试验段全段采用双向四车道高速公路标准建设，设计速度每小时80千米，路基宽度25.5米。试验段起点桩号左右幅277千米+000米，终点桩号右幅297千米+275.448 米（左幅297千米+276.609米），主要翻越当金山、阿尔金山，全长20.275千米。路基挖方174.4327万立方米，填方81.1127万立方米，共设特大桥1座2607.5米、中桥1座86米、钢筋混凝土盖板暗涵6道248.5米、预制装配式钢筋混凝土箱涵11道320.74米。设特长隧道2座：阿尔金山特长隧道单洞长15052米，斜井1401米；当金山隧道单洞长8866米。设隧道管理站1座，变电所3处。本项目估算投资1217850万元，其中一期试验段项目工程全长20.275千米，施工图设计预算280191.87万元。

DDSY I 合同段完成主要工程量：

路基工程：路基挖土方完成13.8万立方米，路基挖石方完成78.3万立方米，孔窗式护面墙721立方米，完成钢筋混凝土框格梁115立方米。

桥涵工程：完成1.5米桩基3281米，完成1.6米桩基758米，完成1.8米桩基为1518米，完成涵洞1470立方米，完成系梁12.6立方米。

隧道工程：完成上导开挖506.9米，完成下导开挖360米，完成仰拱及填充281米，完成二次衬砌180米。

DDSY II 合同段完成主要工程量：

路基工程：累计完成路基挖方6.21万立方米，路基填方39.87万立方米，防护1440.5立方米。

桥涵工程：累计完成预制箱涵66节，涵洞基础9道。

隧道工程：累计完成阿尔金山隧道正洞上导掘进1371.15米（其中出口左线364.35米，出口右线381.90米；进口左线320.80米，进口右线304.10米）。

阿尔金山隧道正洞仰拱及仰拱填充1208.85米（其中出口左线314.25米，出口右线332米；进口左线288米，进口右线274.6米）。

阿尔金山隧道正洞二次衬砌1102.00米（其中出口左线286米，出口右线306米，进口左线266米，进口右线244米）。

阿尔金山隧道正洞明洞：出口左线20米，右线20米；进口左线6米，进口右线19米。

累计完成阿尔金山隧道斜井掘进133.25米，仰拱104.00米。

敦当高速公路建设

# 大事记

# 2017年

## 1　敦当高速公路项目在省交建集团组织的高速公路建设项目2016年综合评比中获第二名

2017年2月17日，省交建集团印发《关于对高速公路建设项目2016年年终检查考核情况的通报》，敦当高速公路项目在省交建集团组织的2016年年终高速公路建设项目综合评比中名列第二。

## 2　敦当高速公路项目开展2017年第一季度工程质量安全综合培训

2017年3月3日，敦当项目公司邀请省交通质监局专家开展了一季度质量安全综合培训。本次培训对《隧道施工质量管理新技术新知识应用》和《公路工程施工安全技术规范》进行了全面解读。

敦当高速公路项目开展2017年第一季度工程质量安全综合培训

## 3 省交建集团对敦当高速公路项目试验段工程进行 2017 年一季度质量安全专项检查

2017年3月23日，省交建集团对敦当高速公路项目试验段工程进行2017年一季度质量安全专项检查。检查组到当金山和阿尔金山隧道施工现场，实地察看隧道围岩状况、钢筋加工厂，对当金山隧道和阿尔金山隧道冬季施工保温措施、隧道初支质量控制、二次衬砌外观质量、文明施工、隧道防排水、安全用电以及安全防护措施等方面进行检查。

## 4 甘肃省交通运输厅重点公路建设项目复工专项督查组对项目复工情况进行专项督查

2017年3月24日，甘肃省交通运输厅重点公路建设项目复工情况专项督查组一行对敦当高速公路项目复工情况进行专项督查。督查组主要对从业单位工程质量安全保证体系、人员设备到位情况、现场施工质量安全管理情况进行督查，特别对隧道实体工程质量、监理和施工单位人员设备履约到位情况等进行了检查。

甘肃省交通运输厅督查组督查敦当高速公路项目节后复工情况

## 5 敦当项目公司举办敦当高速公路首届电焊工技术比武活动

2017年4月6日，为大力弘扬工匠精神，展现焊接工人技术实力，敦当项目公司举办了首届电焊工技术比武活动。

敦当项目公司举办首届电焊工技术比武活动

## 6 敦当项目公司组织抗雪救灾行动

2017年4月8日起，受冷空气影响，敦当高速公路项目试验段所在地阿克塞哈萨克族自治县当金山一带普降中到大雪，G215线当金山路段积雪厚度达15至20厘米，部分急弯陡坡积雪厚度达30至40厘米，位于“全国十大危险路段”之一的G215线当金山段积雪结冰严重，无法通行，近300辆货车及多人被困。敦当项目公司积极调度人力、机械设备及

敦当项目公司除雪保畅行动在央视新闻频道播出

应急物资，组织受灾道路附近50余名参建人员成立抗雪救灾抢险队，投入多台机械设备及清雪工具赶赴现场，积极协助当地交通部门清除道路积雪、设置道路警示牌、维护现场秩序、组织车辆有序分流等。经过6个小时的连续奋战、紧急救援，G215线当金山段道路积雪全部清除，4月11日12时，当金山地区38千米的受阻路段恢复通车，滞留车辆正常有序通行。

敦当项目公司组织机械设备和人力除雪保畅（1）

敦当项目公司组织机械设备和人力除雪保畅（2）

## 7 敦当项目公司印发《隧道工程施工质量控制要点》

2017年4月8日，敦当项目公司结合试验段隧道施工质量管理现状，根据《公路隧道施工技术规范》（JTG F60—2009）和《公路隧道施工技术细则》（JTG/FT F60—2009）等规范，印发了《隧道施工质量控制要点》，对项目隧道施工过程中的钢拱架和锚杆加工及安装、填充层（调平层）施工等细节及工艺提出细化要求，明确施工质量控制要点。

## 8 时任省交建集团副总经理李向阳督查敦当高速公路项目工程建设情况

2017年5月10日至11日，时任省交建集团副总经理李向阳督查敦当高速公路项目工程建设情况。督查组实地查看了隧道成型段落二次衬砌、仰拱填充层外观质量、掌子面围岩情况，重点对阿尔金山隧道出口防涌水应急措施和上、下导钢拱架连接工艺进行检查，并对务工人员工资发放、项目党建及廉政工作进行检查。

省交建集团副总经理李向阳（左三）督查敦当高速公路项目工程建设情况

## 9 敦当项目公司召开2017年度第二次安委会会议

2017年5月14日，敦当项目公司召开2017年度第二次安委会会议。会议听取各参建单位安全生产管理工作汇报，传达省交通运输厅、省交建集团安委会会议精神，对敦当高速公路项目1月至4月安全生产管理工作进行总结，并对下阶段安全管理工作进行全面部署。

敦当项目公司召开 2017 年度第二次安委会

## 10 敦当项目公司临时党支部召开组织生活会

2017年5月14日，敦当项目公司临时党支部组织全体党员召开组织生活会。会上，全体党员面对党旗庄严宣誓，重温入党誓词。会议要求各位党员在深化“两学一做”学习教育中，认真学习党章党规和习近平总书记系列重要讲话精神，心存敬畏，做政治上的“明白人”，手握戒尺，做经济上的“清白人”，勤于自省，做工作上的“带头人”。

敦当项目公司临时党支部召开 2017 年第一季度组织生活会

## 11 敦当项目公司编写完成《敦当高速公路建设项目管理制度汇编》

2017年5月23日，敦当项目公司编写完成《敦当高速公路建设项目管理制度汇编》。敦当项目公司始终贯彻“严格管理、科学创新、求真务实、和谐进取”的管理理念，坚持“工程施工标准化、日常管理精细化、管理手段信息化、项目管理专业化、发展理念人本化”的管理思路，形成权责清晰、管理专业、监管有力、科学高效的公路建设管理体制。

## 12 敦当项目公司全体参建单位积极响应阿克塞哈萨克族自治县政府号召开展助残献爱心捐助活动

2017年5月23日，敦当项目公司积极响应阿克塞哈萨克族自治县政府号召，组织全体参建单位开展助残献爱心捐助活动。广大参建人员积极响应，纷纷表达爱心，共计捐款20100元。

## 13 甘肃省发改委完成敦当高速公路项目可行性研究报告评估政府采购招标工作

2017年5月23日，甘肃省发改委完成敦当高速公路项目工程可行性研究报告评估政府采购项目招标工作，确定中标单位为中国公路工程咨询集团有限公司。

## 14 甘肃省发改委正式批复敦当高速公路项目工程可行性研究报告

2017年5月30日，甘肃省发改委印发《甘肃省发展和改革委员会关于敦煌至当金山口公路可行性研究报告的批复》。批复路线全长约194.07千米，估算投资约121.785亿元。

## 15 时任甘肃省交通运输厅党组成员、副厅长刘建勋到敦当高速公路项目调研项目建设情况

2017年5月31日，时任甘肃省交通运输厅党组成员、副厅长刘建勋到敦当高速公路项

目调研督查项目建设情况。刘建勋实地查看了当金山隧道出口端掌子面围岩状况、仰拱平整度、二次衬砌外观质量及梁板预制厂的选址和建设情况。刘建勋指出，敦当高速公路项目地处干旱、高海拔地区，自然环境恶劣，施工条件艰苦，项目管理公司要克服困难，加大人员设备投入，强化组织保障和现场管理，保证项目建设有序进行。

时任甘肃省交通运输厅党组成员、副厅长刘建勋（右二）督查调研敦当高速公路项目

## 16 时任省交建集团纪委书记滕兆虎督查敦当高速公路项目“四查四看”安全生产大检查及整治提升行动开展情况

2017年6月8日至9日，时任省交建集团纪委书记滕兆虎到敦当高速公路项目，就开展“四查四看”安全生产大检查及整治提升行动落实情况进行督查。

时任省交建集团纪委书记滕兆虎（左三）督查敦当高速公路项目“四查四看”安全生产工作

## 17 敦当项目公司开展“安全生产月宣传咨询日”活动

2017年6月16日，敦当项目公司开展以“压实企业安全主体责任，助力平安交通纵深发展”为主题的“安全生产月宣传咨询日”活动。

敦当项目公司开展安全生产宣传咨询日活动

## 18 敦当项目公司印发《敦当高速公路项目三背回填施工作业指导书》

2017年7月6日，为进一步提高路基及桥涵施工质量，消除“桥头跳车”质量通病，确保“三背”（桥台背、涵洞台背、挡墙背）回填施工质量，敦当项目公司印发《敦当高速公路项目三背回填施工作业指导书》，规定对全线所有台背回填均采用36千焦高速液压夯实机进行补强夯实，并明确相关施工工艺及方法。

## 19 敦当项目公司召开敦当高速公路项目“品质工程”推进会

2017年7月11日，敦当项目公司召开敦当高速公路项目“品质工程”推进会。会上，各参建单位结合项目建设实际，客观、真实地汇报了项目建设中存在的问题和应对措施，尤其对桥梁墩柱养生、混凝土配合比及原材料等影响工程质量的相关问题进行探讨，并提出切实可行的解决方案。

敦当项目公司召开“品质工程”推进会

## 20 敦当项目公司印发《预应力箱梁质量控制要点》

2017年7月19日，为进一步加强预应力箱梁预制标准化施工，消除质量通病，确保桥梁预应力结构的耐久性、安全性，敦当项目公司印发《预应力箱梁质量控制要点》，对预应力箱梁原材料、钢筋加工及安装、混凝土浇筑控制、养护及后期处理、张拉控制、压浆及封锚控制提出明确要求。

## 21 省交通质监局专项督查敦当高速公路项目电气火灾综合治理情况

2017年7月22日，省交通质监局就敦当高速公路项目电气火灾综合治理情况展开专项督查。督查组现场查阅安全管理制度、临时用电专项方案、电气火灾综合治理实施方案、专业电工巡检维修记录等资料，对敦当高速公路项目DDSYⅠ合同段隧道、梁板预制厂、钢筋加工厂、工人生活区及项目部驻地电气火灾综合治理情况进行检查。

## 22 时任省交建集团总经理赵发章督查敦当高速公路项目建设情况

2017年8月4日，时任省交建集团总经理赵发章对敦当高速公路项目建设情况进行督查，实地查看安全体验馆运行情况及试验段阿尔金山隧道出口、路基施工等建设情况。

时任省交建集团总经理赵发章督查敦当高速公路项目建设情况

## 23 省交通质监局督查组专项抽检敦当高速公路项目工程实体质量

2017年8月8日至13日，省交通质监局督查组对敦当高速公路项目工程实体质量进行专项抽检，通过抽检，督查组充分肯定项目质量管控工作，并提出了相关指导意见。

## 24 敦当高速公路项目入选省级“品质工程”建设活动试点示范项目名单

2017年8月20日，甘肃省交通运输厅印发《甘肃省公路水运“品质工程”示范创建实施方案》，决定在全省打造三个部级和七个省级品质工程试点示范项目，全力打造“优质耐久、安全舒适、经济环保、社会认可”的公路品质工程，敦当高速公路项目入选省级“品质工程”建设活动试点示范项目。

## 25 省交通质监局督查组检查敦当高速公路项目建设工作

2017年8月20日，省交通质监局督查组到敦当高速公路项目检查工作。督查组一行到DDSY Ⅰ合同段当金山特长隧道和大鄂博图沟特大桥施工现场，查看当金山隧道出口监控中心、左线隧道支护作业现场、预制梁场和混凝土拌和站，对隧道监控运行情况、隧道围岩等级和施工质量控制要点、预制箱梁蒸汽养生及外观质量、砂石料质量参数等情况进行检查。

省交通质监局督查敦当高速公路项目

## 26 省交通质监局公路工程造价专项督查组督查敦当高速公路项目造价管理情况

2017年9月14日，省交通质监局公路工程造价专项督查组对敦当高速公路项目工程造价工作进行督查。督查组对项目工程造价管理台账、计量支付、建设合同管理、设计变更管理、造价信息报送、建设资金管理等制度落实情况进行全面检查。

## 27 敦当项目公司召开2017年度第四次生产调度会

2017年9月15日，敦当项目公司召开2017年度第四次生产调度会。会议认真总结2017

年项目建设过程中存在的问题，并对下一阶段项目工程质量、安全、进度、环水保等方面进行总体部署，详细安排冬季施工工作。

## 28 敦当项目公司表彰试验段优秀施工班组和先进工作者

2017年9月15日，敦当项目公司印发表彰文件（甘敦当路发〔2017〕224号），对项目试验段开工建设以来表现突出、甘于奉献的DDSY Ⅰ 合同段预制梁场2队、DDSY Ⅱ 合同段隧道右线开挖班组授予"优秀施工班组"称号，对李中有、潘正慧、刘鸿文、尚康林、陶泽雄、和新建、范标、李新强、吕虎、韩涛、李春苗授予"先进工作者"称号。

## 29 时任甘肃省交通运输厅党组书记、厅长李睿调研敦当高速公路项目建设情况

2017年9月20日，时任甘肃省交通运输厅党组书记、厅长李睿对敦当高速公路项目建设情况进行实地调研。李睿在施工现场听取项目主要负责人对项目概况、施工进展情况以及敦当高速公路项目创建品质工程思路和主要管控措施的汇报，查看隧道视频监控系统，并到阿尔金山隧道实地查看隧道掘进情况及实体工程建设情况。

时任甘肃省交通运输厅党组书记、厅长李睿（右二）调研敦当高速公路项目建设情况（1）

时任甘肃省交通运输厅党组书记、厅长李睿（右三）调研敦当高速公路项目建设情况（2）

## 30 敦当项目公司联合阿克塞哈萨克族自治县公安消防大队开展消防安全培训和演练活动

2017年9月21日，敦当项目公司和阿克塞哈萨克族自治县公安消防大队共同开展消防安全培训和演练活动。

敦当高速公路项目开展消防安全演练活动

## 31 敦当项目公司举办敦当高速公路项目第二届秋季运动会

2017年10月1日，敦当项目公司以“建一个项目、树一座丰碑”为主题，举办第二届秋季运动会。

敦当项目公司第二届秋季运动会

## 32 敦当项目公司常务副总经理王方亮获第九届中国公路百名优秀工程师荣誉称号

2017年10月17日，中国公路学会印发《关于表彰第九届中国公路百名优秀工程师的决定》，敦当项目公司常务副总经理王方亮荣获第九届中国公路百名优秀工程师荣誉称号。

## 33 敦当高速公路项目初步设计获交通运输部批复

2017年11月21日，交通运输部印发《交通运输部关于甘肃省敦煌至当金山口公路初步设计的批复》，初设批复路线全长197.249千米，项目估算总投资121.785亿元。

## 34 敦当项目公司邀请敦煌市委党校老师开展党的十九大精神专题党课培训

2017年12月7日，敦当项目公司临时党支部邀请敦煌市委党校讲师，就学习贯彻落实党的十九大精神进行了专题辅导。项目公司全体员工及参建单位主要负责人参加学习。

## 35 敦当项目公司举办《中华人民共和国安全生产法》专题宣讲

2017年12月8日，敦当项目公司邀请地方安监部门专家对新《中华人民共和国安全生产法》进行专题宣讲。

## 36 敦煌市政府召开柳格国高（$G30_{11}$）敦煌至当金山口高速公路建设项目征地拆迁动员会议

2017年12月21日，敦煌市政府召开柳格国高（$G30_{11}$）敦煌至当金山口高速公路建设项目征地拆迁补偿动员会。

# 2017年主要建设情况

2017年，主要建设任务为试验段一、二期工程建设。试验段路线主要穿越当金山、阿尔金山，并与本项目终点青海省当金山至大柴旦高速公路起点相接。路线全长36.745千米，属高寒高海拔地区，冬季漫长寒冷。试验段全段采用双向四车道高速公路标准建设，路基宽度整体式25.5米、分离式26米。起点桩号右幅277千米+000米，终点桩号右幅313千米+745.285米。

试验段一、二期工程，施工图预算共计批复30.33亿元，其中一期试验段长20.275千米，施工图预算批复28.02亿元，二期试验段长16.47千米，施工图预算批复2.31亿元。

实体工程完成情况：

路基工程：累计完成路基土石方356.55万立方米，占路基土石方总量428.9万立方米的83.13%；累计完成防护工程17553.48立方米，占防护工程总量49217.49立方米的35.67%。

桥涵工程：累计完成桩基637根，占总量664根的95.93%；累计完成圆柱墩141根，占总量264根的53.41%；累计完成盖梁58个，占总量187个的31.02%；累计完成20米预制箱梁222片，占总量787片的28.21%；累计完成涵洞14道，占总量53道的26.42%。

隧道工程：当金山隧道累计完成掘进3789.5米，占总量8859米的42.78%；阿尔金山隧道（单洞且包含斜井）累计完成掘进4715.7米，占总量16640米的28.34%。

敦当高速公路建设

# 大事记

## 2018年

## 1 敦当项目公司举办“凝心聚力筑品质团队”元旦登山主题活动

2018年1月1日，敦当项目公司组织以“凝心聚力筑品质团队”为主题的职工登山活动。

“凝心聚力筑品质团队”元旦登山主题活动（1）

“凝心聚力筑品质团队”元旦登山主题活动（2）

## 2 敦当高速公路项目在全省2017年下半年质量安全环保综合督查中名列前茅

2018年1月5日，甘肃省交通运输厅印发《关于全省公路工程建设项目2017年下半年质量安全环保综合督查的通报》，敦当高速公路项目在全省26个在建公路（高速、一级公路）项目中名列前茅。

## 3 敦当项目公司邀请长安大学教授为隧道施工进行把脉会诊

2018年1月17日，敦当项目公司邀请长安大学隧道专家为隧道施工把脉会诊。专家组听取汇报后，根据隧道围岩差、涌水严重的实际情况和隧道施工存在的其他困难，针对性地提出了一些科学合理的意见和建议。

长安大学隧道专家为隧道施工进行把脉会诊

## 4 敦当高速公路项目在省交建集团 2017 年度综合评比中名列第二

2018年1月29日，省交建集团印发《关于2017年高速公路建设项目年终检查情况的通报》，敦当高速公路项目在集团2017年在建项目综合评比中名列第二。

## 5 敦当高速公路项目 DDSY Ⅰ、DDSY Ⅱ合同段荣获 2017 年甘肃省公路工程“平安工地”称号

2018年1月31日，甘肃省交通运输厅印发文件，授予敦当高速公路项目DDSYⅠ、DDSYⅡ合同段“2017年甘肃省公路工程‘平安工地’”称号。

## 6 敦当项目公司表彰优秀施工班组和先进工作者

2018年2月2日，敦当项目公司印发表彰文件（甘敦当路发〔2018〕11号），对表现突出、甘于奉献的当金山隧道进口施工班组、阿尔金山隧道斜井开挖班组、DDSY Ⅲ梁场预制班组授予“优秀施工班组”称号，对马龙、宋建强、曹勇、冯康山、杨亮、张兴成、傅荣东、王志强、张俊杰、赵永福、师生成、尚康林、金勇、刘吉祥、和新建、闫有民、雷兵生、吕虎、韩启宝、韩涛授予“先进工作者”称号。

## 7 省交通质监局、省交建集团共同完成敦当高速公路项目试验段工程交工验收质量检测及竣工质量鉴定检测第二次招标工作

2018年2月8日，省交通质监局、省交建集团共同完成敦当高速公路项目试验段交工验收质量检测招标工作，确定中标单位为招商局重庆交通科研设计院有限公司。

## 8 敦当项目公司举办 2018 年度第一期质量安全综合培训班

2018年3月10日至11日，敦当项目公司举办2018年度第一期质量安全综合培训班。项目公司及各参建单位共80余人进行了集中“充电”。

敦当高速公路项目举办 2018 年第一期质量安全综合培训

## 9 敦当高速公路项目建设甘青两省现场协调会顺利召开

2018年3月20日，敦当项目公司组织召开甘青两省公路建设现场协调会。会上，敦当项目公司就工程建设的基本情况向青海省路政及养护单位进行简要介绍，青海省路政执法单位从路政许可办理、安全生产管理、施工路段环境保护及参建车辆超限运输管控等方面提出指导性意见及建议。

敦当高速公路项目召开甘青两省公路建设现场协调会

## 10 敦当项目公司召开“品质工程”推进对接会议

2018年3月28日至29日，敦当项目公司组织施工单位召开“品质工程”推进对接会。会议对“品质工程”策划方案逐条梳理，并结合施工现场实际情况，突出各自重点任务目标，明确任务时间节点，实现清单化管理。

## 11 敦当项目公司举办敦当高速公路第二届焊工技术比武活动

2018年3月30日，敦当项目公司组织施工单位在DDSYⅡ合同段小型预制构件厂举办第二届焊工技术比武活动。

敦当高速公路第二届焊工技术比武活动

## 12 酒泉市公安消防支队例行检查敦当高速公路项目试验段消防安全管理工作

2018年4月12日，酒泉市公安消防支队对敦当高速公路项目试验段工程消防安全情况进行例行检查。检查组对项目部生活、办公区消防设施的设置、使用等方面进行了现场检查和指导，重点对施工现场各工作面消防安全隐患进行排查。

## 13 敦当高速公路项目阿尔金山特长隧道斜井掘进突破千米大关

2018年4月17日，由甘肃路桥承建的敦当高速公路项目阿尔金山特长隧道斜井掘进突破千米大关。

## 14 敦当项目公司举行2018年“安全生产月”暨“安全生产陇原行”活动启动仪式

2018年5月26日，敦当项目公司在阿尔金山隧道进口处举行敦当高速公路项目2018年“安全生产月”和“安全生产陇原行”活动启动仪式。

## 15 时任敦煌市委常委、常务副市长王雄蛟到敦当项目公司调研项目建设情况

2018年6月1日，时任敦煌市委常委、常务副市长王雄蛟到敦当项目公司调研敦当高速公路项目建设情况。王雄蛟听取了项目投资规模、建设进度和征地拆迁等情况的汇报，并强调敦当高速公路既是一条政治路，也是一条民心路，项目参建人员要妥善处理好项目建设中出现的各种问题，为公路沿线社会经济发展提供良好的交通保障。

## 16 敦当项目公司高层管理人员（董事长）人事变更

2018年6月8日，省交建集团印发《关于王方亮等同志职务任免的通知》，决定聘任王方亮为敦当项目公司董事长，解聘赵发章的敦当项目公司董事长职务，解聘王方亮的敦当项目公司常务副经理职务。

## 17 敦当项目公司举办2018年安全生产知识竞赛活动

2018年6月10日，敦当项目公司举办敦当高速公路建设项目2018年安全生产知识竞赛

活动，各参建单位主要负责人、管理人员、技术员、各专业监理工程师及一线劳务工人近200人参加活动。

敦当项目公司举办2018年度安全生产知识竞赛活动

## 18 敦当高速公路项目两阶段施工图设计及预算获甘肃省交通运输厅批复

2018年6月13日，甘肃省交通运输厅印发《关于甘肃省柳格国高（$G30_{11}$）敦煌至当金山口段公路两阶段施工图设计及预算的批复》，两阶段施工图设计批复路线全长196.355千米，核定项目预算金额为114.87亿元。

## 19 敦当高速公路项目举办“十九大精神进项目暨质量安全教育培训”主题宣讲

2018年6月13日，敦当高速公路项目举办“十九大精神进项目暨质量安全教育培训”主题宣讲。

敦当高速公路项目举办十九大精神进项目暨质量安全教育培训宣讲会

## 20 敦当项目公司临时党支部开展“缅怀英烈不忘初心、继承遗志继续前进”主题党日活动

2018年6月27日，敦当项目公司临时党支部组织所属党员赴瓜州县“红西路军安西战役纪念馆”开展“缅怀英烈不忘初心、继承遗志继续前进”主题党日活动。

敦当项目公司临时党支部开展主题党日活动

## 21 敦当项目公司临时党支部荣获省交建集团“先进党支部”荣誉称号

2018年6月28日，省交建集团印发《关于表彰2017—2018年度先进党支部、优秀党务工作者、优秀共产党员的决定》，敦当项目公司临时党支部被评为原交建集团2017—2018年度“先进党支部”。

## 22 酒泉市经济社会发展重点工作督查调研组到敦当高速公路项目调研项目建设情况

2018年7月8日，时任酒泉市委书记吴仰东、市长张安疆带领酒泉市经济社会发展重点工作督查调研组，对敦当高速公路项目进行现场调研。吴仰东在施工现场听取了工程建设情况汇报，对敦当高速公路项目建设者克服高海拔、恶劣自然环境、艰苦施工条件等种种困难，扎根一线，全力攻坚，全面推进项目建设工作给予肯定。

酒泉市委书记吴仰东（左一）调研敦当高速公路项目建设情况

## 23 敦当项目公司工程技术科副科长常晓光同志被甘肃省交通运输厅表彰为全省交通运输系统统计工作先进个人

2018年8月23日，甘肃省交通运输厅印发《关于表彰2017年度全省交通运输统计工作先进单位、先进个人的通报》，敦当项目公司工程技术科副科长常晓光同志被甘肃省交通运输厅表彰为统计工作先进个人。

## 24 时任甘肃省交通运输厅副厅长秦雪滨调研敦当高速公路项目建设工作

2018年8月23日，时任甘肃省交通运输厅副厅长秦雪滨到敦当高速公路项目调研项目建设工作，并慰问了项目参建职工。

时任甘肃省交通运输厅副厅长秦雪滨（左二）调研敦当高速公路项目

## 25 中国公路建设行业协会专家到敦当高速公路项目进行现场观摩指导工作

2018年8月27日，敦当项目公司邀请中国公路建设行业协会专家到敦当高速公路项目进行现场观摩指导。专家组一行深入施工现场，先后实地查看了大鄂博图沟特大桥、当金山隧道、阿金山隧道施工现场，详细解读了争创奖项需要具备的条件，为敦当高速公路项目争创奖项工作提出切实可行的意见。

中国公路建设行业协会专家调研敦当高速公路项目

## 26 省发改委批复敦当高速公路项目建设模式为 PPP 模式

2018年8月31日，经甘肃省发改委对敦当高速公路项目工程可行性研究报告进行补充批复（甘发交改运〔2018〕682号），将敦当高速公路项目建设模式由传统的政府收费还贷模式调整为PPP模式。

## 27 敦当高速公路项目土建、机电、房建、绿化等各社会投资人意向单位陆续进场

2018年9月，中铁十九局、中铁十五局、中铁五局及甘肃万泰作为敦当高速公路项目社会投资人意向单位陆续进场。

## 28 敦当项目公司开展安全知识宣讲及安全文化标语书写活动

2018年9月20日，敦当项目公司组织敦当试验段各参建单位开展安全知识宣讲及安全文化标语书写活动。本次宣传活动共发放各种宣传资料150余份、安全手册200余本，直接教育人数200余人；参与书写宣传活动15人，书写安全文化标语作品30余幅。

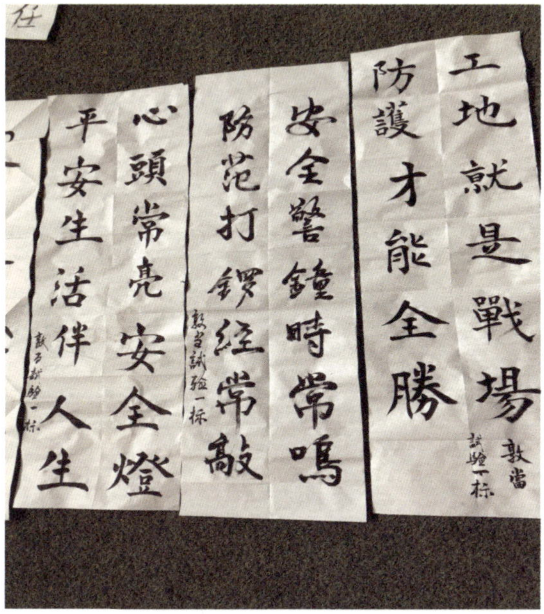


敦当项目公司开展安全文化标语书写活动

## 29 敦当项目公司举办“迎中秋、战敦当、共团圆”中秋节主题活动

2018年9月24日，敦当项目公司开展集休闲娱乐与互动交流于一体的中秋节活动。项目公司秉承“快乐工作、快乐生活”的理念，组织开展了吹乒乓球、踩气球、抢凳子等多项文体娱乐小游戏。

敦当项目公司举办“迎中秋、战敦当、共团圆”中秋节主题活动留影

## 30 敦当高速公路项目自主研发的“隧道钢拱架连接钢板定位模具”“隧道宽幅防水板自动铺挂装置”获得国家知识产权局实用新型专利授权

2018年9月底，敦当高速公路项目DDSYⅡ合同段自主研发的“隧道钢拱架连接钢板定位模具”“隧道宽幅防水板自动铺挂装置”获得国家知识产权局实用新型专利授权。“隧道钢拱架连接钢板定位模具”能够精确控制隧道钢拱架连接板孔位，从源头上解决钢拱架分段安装偏差问题，实现了钢拱架连接板螺栓孔无缝对接，提升隧道钢拱架拼装质量；“隧道宽幅防水板自动铺挂装置”的研发，大幅度提高了防水板铺挂平整度，减少了施工焊缝，有效提升防水板整体防水能力。

## 31 敦当项目公司举办敦当高速公路项目第三届秋季运动会

2018年10月11日至12日，敦当项目公司举办敦当高速公路项目第三届秋季运动会。

敦当项目公司举办敦当高速公路项目第三届秋季运动会

## 32 敦当高速公路项目 DD2 合同段首根桩基顺利灌注完成

2018 年 11 月 5 日 2 时 30 分，中铁十五局 DD2 合同段首根桩基顺利完成灌注，标志着 DD2 合同段桥梁主体工程正式开始施工。自进场以来，DD2 合同段项目部全体职工秉承脚踏实地、扎实苦干、开拓创新的优良传统，严格按照施工规范及施工标准化要求，克服开工前各种困难，扎实做好各项准备工作，确保首桩施工的质量。

## 33 敦当高速公路项目 DD4 合同段红崖子沟特大桥首件桩基浇筑成功

2018 年 11 月 7 日 2 时许，甘肃万泰 DD4 合同段红崖子沟特大桥首件桩基顺利完成混凝土浇筑，标志着 DD4 合同段项目桥梁工程施工建设正式拉开序幕。红崖子沟特大桥位于当金山南麓，全长 2449.04 米，桩基础采用旋挖钻、冲击钻成孔，桥墩采用薄壁空心墩、柱式墩，最大墩高 52 米。该施工段高寒、缺水、环境恶劣、地理条件复杂，施工任务异常艰巨。在大家的共同努力下，红崖子沟特大桥首件桩基混凝土浇筑顺利完成。

## 34 敦当高速公路项目 DD3 合同段首根桩基验收合格

2018 年 11 月 7 日，经中心试验室桩基检测组现场检测，中铁五局 DD3 合同段于 10 月 27 日完成的首根桩基各项技术指标满足规范和设计要求。DD3 合同段自进场以来，针对施工现场缺水、生态环境脆弱、大风天气频发等实际情况，全力推进集约化临建理念。在 9 月 22 日 2 号综合拌和场临时用地落实后，迅速展开临建大干高潮。全体参建人员斗风暴、抗严寒，风餐露宿，加班加点抢进度，于 10 月 15 日实现临建混凝土自拌目标，2 号混凝土拌和站于 10 月 18 日检验合格；同时工地试验室和钢筋加工场也快速同步跟进。DD3 合同段继 10 月 12 日完成路基试验段的施工后，在现场满足混凝土施工条件的情况下，于 10 月 25 日在长草沟大桥启动了首桩钻孔，10 月 27 日完成了首桩灌注。

## 35 阿尔金山隧道进口左线掘进突破2000米大关

2018年11月8日16时14分，甘肃路桥DDSY Ⅱ合同段阿尔金山隧道进口左线掘进突破2000米大关。这标志着该项目隧道施工取得了阶段性胜利，为早日实现贯通目标奠定了基础。

阿尔金山隧道是省内唯一一座高寒高海拔特长隧道，是全线的控制性工程。隧道多以风化花岗岩为主，围岩稳定性相对较差，隧道施工时受软岩大变形、地下水丰富且具有腐蚀性、围岩变化快、断层破碎带等影响，存在突泥、突水现象，施工难度大，安全风险高，施工环境恶劣。自开工建设以来，项目部全体参建员工在高原高寒的恶劣气候条件下，不畏艰险，精心策划，克服了围岩差、生活环境艰苦、成本压力大等诸多难题，确保建设顺利推进。

## 36 敦当项目公司印发《敦当高速公路项目钻孔桩桩头整体破除施工作业指导书》

2018年12月8日，为大力推进“四新”技术应用力度，有效解决钻孔桩桩头破除过程中预留钢筋变形、施工标准化水平低及施工现场文明形象差等问题，敦当项目公司印发《敦当高速公路项目钻孔桩桩头整体破除施工作业指导书》，明确桩头环切整体破除法工艺流程、相关施工作业控制关键点和质量控制与验收要点，为规范施工作业流程和管控提供了指导标准。

## 37 敦当项目公司印发《敦当高速公路项目淘汰落后施工工艺、材料、机械及设备目录（第一批）》

2018年12月8日，敦当项目公司结合项目实际情况，遵循“推广先进、淘汰落后”的原则，印发《敦当高速公路项目淘汰落后施工工艺、材料、机械及设备目录（第一批）》。

## 38 敦当项目公司召开第一次股东会暨一届一次董事会、监事会会议

2018年12月14日上午，敦当高速公路PPP项目第一次股东会暨一届一次董事会、监事会会议顺利召开。会议形成四项决议。一是任命省交建集团王方亮、马龙为敦当项目公司董事会董事，并提名王方亮为董事长；任命政府出资人代表省交投公司宋文为项目公司董事；任命甘肃万泰丁旭、中铁五局李云国、中铁十五局王占军、中铁十九局孙亮为敦当项目公司董事。二是任命省交建集团刘中为敦当项目公司监事会监事，并提名其为监事会主席；任命省交投公司伏浩元、敦当项目公司张秀智为敦当项目公司监事会监事。三是根据敦当项目公司全体职工选举结果，任命马龙为敦当项目公司董事会董事（职工董事），任命张秀智为敦当项目公司监事会监事（职工监事）。四是会议审议并一致通过《甘肃敦当高速公路项目管理有限公司章程》。

## 39 国家林业和草原局批复敦当高速公路项目征、占用草原手续

2018年12月17日，国家林业和草原局下发《征收使用草原审核同意书》（林草许准〔2018〕19号）文件，敦当高速公路项目沿线征、占用草原申请手续正式获得批复。

## 40 敦当项目公司召开一届二次董事会

2018年12月22日，敦当项目公司召开一届二次董事会。一是同意暂由董事长王方亮兼任总经理一职。二是同意由中铁十九局王成军、中铁十五局周富春和中铁五局李云国担任敦当项目公司副总经理。

## 41 敦当项目公司高层人事调整

2018年12月25日，经中共甘肃省交通建设集团有限公司委员会会议研究决定：聘任陈海明为敦当项目公司总经理（一级公司高层副职）；聘任刘中为敦当项目公司监事会主席（中层正职）；解聘陈海明敦当项目公司副经理职务。

## 42 敦当高速公路项目完成PPP项目社会资本招标工作

2018年12月26日至28日，省交通厅投融资办完成柳格国高（$G30_{11}$）敦煌至当金山口公路政府和社会资本合作（PPP）项目社会资本招标，中标单位为省交建集团、中铁十九局、中铁十五局、中铁五局、甘肃万泰、甘肃华恒、甘肃华运、甘肃新网通八家单位，其中，牵头单位为省交建集团。

# 2018年主要建设情况

2018年是敦当项目建设的关键之年，项目全线开始施工建设。

实体工程完成情况：

路基工程：试验段路基土石方428.9万立方米，已全部完成；防护工程50058.09立方米，完成38833.76立方米，占防护工程总量的77.57%。

桥涵工程：试验段工程中小桥已全部完成，大巴特沟特大桥完成下部结构工程83%，上部结构工程54%，附属工程完成16%；个别涵洞除受隧道洞口地形限制还未施工，其余全部完成。

隧道工程：隧道工程完成16448米，占隧道工程总量25306米的65.4%。

敦当高速公路建设

# 大事记

# 2019年

## 1 时任省交建集团副总经理吕文全调研敦当高速公路项目建设情况

2019年1月8日至9日，时任省交建集团副总经理吕文全到敦当高速公路项目调研。吕文全实地查看阿尔金山隧道进口及当金山隧道出口施工情况，详细了解隧道掌子面围岩、初衬施工平整度、防水板铺挂、二次衬砌施工质量、逃生通道设置等工作开展情况，对敦当高速公路项目建设过程中积极推广应用新工艺、新设备、新技术，以及微改造微创新方面取得的成绩给予肯定。

时任省交建集团副总经理吕文全（前排左三）调研指导敦当高速公路项目

## 2 敦当项目公司召开一届三次董事会

2019年1月17日，敦当项目公司召开一届三次董事会，会议决定聘任陈海明为公司总经理，王方亮不再兼任项目公司总经理。

## 3 时任敦煌市委副书记李春林到敦当项目公司调研

2019年1月21日，时任敦煌市委副书记李春林到敦当项目公司，调研敦当高速公路项目建设工作。在听取项目建设情况汇报后，李春林对敦当高速公路项目建设者扎根一线，全力攻坚，全面推进项目建设工作表示赞赏，对项目建设有力有序推进给予了高度评价。

## 4 敦当项目公司变更经营范围

2019年1月21日，敦当项目公司经营范围由“敦煌至当金山高速公路的建设管理”变更为：敦煌至当金山高速公路的建设管理；建设项目的投资、设计、施工；建设项目的运营、管理；收取车辆通行费；公路沿线许可范围内的广告、餐饮、汽车旅馆、百货零售；汽车及机电维修、汽车配件销售。

## 5 敦当项目公司变更投资人信息

2019年1月21日，敦当项目公司投资人信息由原先的宁波梅山保税港区交建敦当一期股权投资基金合伙企业（有限合伙）5000.000万元和省交建集团5000.000万元变更为：宁波梅山保税港区交建敦当一期股权投资基金合伙企业（有限合伙）5000.000万元；原省交建集团92595.008（+87595.008）万元；甘肃万泰36564.506万元；甘肃华运95.656万元；中铁十九局36564.506万元；省交投公司222180.000万元；中铁十五局36564.506万元；中铁五局36564.506万元；甘肃华恒95.656万元；甘肃新网通95.656万元。

## 6 敦当项目公司印发《质量风险清单及控制措施》

2019年1月21日，为进一步提高敦当高速公路项目建设质量和管理水平，加强全体参建人员质量风险管控意识，敦当项目公司印发《质量风险清单及控制措施》。

## 7 敦当高速公路项目获省交建集团2018年年终综合检查第三名的好成绩

2019年2月15日，省交建集团印发《关于2018年交建集团建设项目年终综合检查的通报》，敦当高速公路项目在2018年集团在建项目中综合排名第三。

## 8 敦当项目公司完成机电施工监理、房建绿化施工监理、土建施工监理、土建中心试验室及“品质工程”技术咨询服务招标工作

2019年2月20日，敦当项目公司完成敦当高速公路项目机电施工监理、房建绿化施工监理、土建施工监理、土建中心试验室和“路面工程施工及‘品质工程’技术咨询服务”招标工作。确定机电施工监理为北京泰克华诚技术信息咨询有限公司，房建、绿化施工监理为中铁华铁工程设计集团有限公司，路面工程施工及品质工程技术咨询服务为苏交科集团股份有限公司，中心试验室分别为甘肃智通科技工程检测咨询有限公司和甘肃省公路工程质量试验检测中心有限公司，土建施工监理分别为甘肃华顺交通科技咨询有限责任公司、山东格瑞特监理咨询有限公司和甘肃新科建工监理咨询有限公司。

## 9 敦当高速公路项目DD2合同段钢筋加工厂“四条生产线”投入生产

2019年3月3日10时30分，随着盖梁骨架焊接机器人的调试完成，中铁十五局集团敦当项目DD2合同段钢筋加工厂钢筋笼滚焊生产线、钢筋线材弯箍生产线、钢筋棒材弯曲生产线、盖梁骨架钢筋焊接机械臂生产线全部投入生产，标志着DD2合同段钢筋加工厂基础设备配置全部到位，同时也为后期桥梁大面积施工做好了保障。

## 10 敦当项目公司完成土建施工监理DDJL4合同段和水土保持技术服务二次招标工作

2019年3月4日，敦当高速公路项目完成土建施工监理DDJL4标段和水土保持技术服务

第二次招标工作，确定土建施工监理DDJL4标段为内蒙古华讯工程咨询监理有限责任公司，水土保持技术服务为甘肃江河水利工程建设有限公司。

## 11 敦当项目公司表彰优秀施工班组和先进工作者

2019年3月5日，敦当项目公司印发表彰文件（甘敦当路发〔2019〕60号），对项目2018年建设过程中表现突出、甘于奉献的江油友福劳务队桥梁施工班组、马向珍劳务队隧道施工班组、阳新县中祥工程劳务有限公司路基三队、中铁十九局集团有限公司测量队、徐州良辰建设工程有限公司路基测量队、湖南联友建筑劳务有限公司桩基钢筋笼施工班组、新疆凯利丰建设工程有限公司红崖子沟特大桥桩基施工班组授予“优秀施工班组”称号，对张丽珺、常伟学、金刚、曹勇、冯康山、焦秦洲、常亚林、赵鸿东、潘正慧、许忠杰、徐斌、赵永福、金旭敏、张晓海、顾玉建、王钊、和新建、戚彦平、米小强、吕虎、张永成、韩涛、尹传平、李亮亮、赵永浩、史冰华、陈竞尧、余洋、杨松、卢卫星、李华山、刘跃辉、石家玺、孙万虎、安晓福授予“先进工作者”称号。

## 12 时任省交建集团董事长乔松青调研敦当项目建设情况

2019年3月12日，时任省交建集团董事长乔松青深入敦当项目公司调研工作。乔松青先后赴DD1、DD2、DD3合同段施工现场和项目驻地，实地查看钢筋加工厂和混凝土拌和站等场站建设情况，对敦当高速公路项目钢筋加工“四条生产线”、标准化场站建设及标准化施工给予了充分肯定。

## 13 甘肃省公路交通建设集团有限公司组建成立

2019年3月，根据甘肃省委省政府深化国有企业改革的总体部署和“将全省交通建设领域相关企业进行整合重组，打造产业链完整，具备产业造血功能的公路建设实体企业集团”的具体要求，通过改组省交建集团，正式组建甘肃省公路交通建设集团有限公司。

## 14 敦当项目公司开展安全专项培训

2019年3月20日，敦当项目公司邀请国家电网敦煌供电公司相关专家对参建单位相关管理人员进行安全专项培训。本次培训紧密结合高速公路建设实际，通过引用大量典型案例，为参建人员普及了高压线附近机械设备安全作业的相关知识，深入讲解了架空输电线路的特点、输电线路外破事故案例、电力设施保护方法、电力线路保护区内工作程序等重要内容。

## 15 敦当项目公司变更投资人信息

2019年3月21日，敦当项目公司投资人由甘肃省交通建设集团有限公司更名为甘肃省公路交通建设集团有限公司（简称“省公交建集团”）。

## 16 敦当项目公司邀请甘肃江河水利工程建设有限公司水土保持专家对参建人员进行水土保持专题培训

2019年3月22日，敦当项目公司邀请甘肃江河水利工程建设有限公司水土保持专业工程师，对项目各参建单位相关人员进行水土保持专题培训。本次培训紧密结合高速公路建设，主要从水土保持工作依据的法律法规、水土流失重点部位、水土保持方案变更管理、水土流失防治目标、最新相关政策、建设项目违法违规弃土弃渣案例分析、水土保持职责等方面进行讲解。

## 17 敦当项目公司召开第二次股东会暨一届四次董事会

2019年3月29日，敦当项目公司第二次股东会暨一届四次董事会顺利召开。会议审议并一致通过了敦当项目公司第二次股东会决议、一届四次董事会决议等相关议案，中铁十五局集团董事由王占军变更为周富春。

## 18 敦当项目公司临时党支部组织职工收看中央电视台综合频道播出的“时代楷模发布厅”节目

2019年3月31日，敦当项目公司临时党支部组织职工收看中央电视台综合频道播出的“时代楷模发布厅”节目，深入了解甘肃省古浪县八步沙“六老汉”三代人治沙造林的先进事迹。

## 19 敦当项目公司对2019年招标进场的总承包项目监理及试验检测单位进行综合能力岗前考核

2019年4月4日，敦当项目公司对2019年招标进场的总承包项目监理及试验检测单位进行综合能力岗前考核。

敦当项目公司开展2019年监理及试验检测人员岗前能力考核

## 20 敦当项目公司举办2019年度第一期质量安全综合培训班

2019年4月7日，敦当项目公司举办2019年度第一期质量安全综合培训班。本次培训从解读《甘肃省生产经营单位安全生产主体责任规定》、减水剂生产和质量控制应用中病害分析及混凝土质量控制与养生技术等三个方面进行了重点讲解。

## 21 敦当项目公司印发《敦当高速公路建设项目路面集料质量管理办法》

2019年4月9日，为严格控制路面工程质量，敦当项目公司依据《公路沥青路面施工技术规范》（JTG_F40—2017）、《公路路面基层施工技术细则》（JTG/T F20—2015）及《公路沥青路面施工技术规范》（DB62/T 3136—2017）有关规定，制定了《敦当高速公路建设项目路面集料质量管理办法》。

## 22 时任酒泉市委书记吴仰东调研敦当高速公路项目党河大桥建设情况

2019年4月15日，时任酒泉市委书记吴仰东到敦当高速公路项目党河大桥施工现场调研。

时任酒泉市委书记吴仰东（右二）调研指导敦当高速公路项目党河大桥施工现场

敦当高速公路项目党河大桥施工现场

## 23 敦当高速公路项目在 2018 年全省在建高速公路项目考核中综合排名第四

2019年4月18日，甘肃省交通质监局印发《2018年甘肃省公路工程质量安全督查情况通报》，敦当高速公路项目在2018年全省在建高速公路项目考核中综合排名第四。

## 24 敦当高速公路项目总监办合约工程师潘正慧被省交通质监局表彰为“优秀监理工程师”

2019年4月23日，省交通质监局印发《关于对2018年度甘肃省交通行业优秀监理企业和优秀监理工程师进行表彰的决定》，敦当高速公路项目总监办合约工程师潘正慧同志恪尽职守、勤勉工作、爱岗敬业，被省交通质监局表彰为“优秀监理工程师”。

## 25 敦当项目公司修订完善《敦当高速公路建设项目管理制度汇编》

2019年5月1日，为进一步规范项目建设管理，明确管理职责，敦当项目公司结合项目工程实际情况，对《敦当高速公路建设项目管理制度汇编》再次进行修订完善，并印发各参建单位。

## 26 敦当项目公司成功举办拱形骨架预制现场观摩会

2019年5月3日，为深入推进敦当高速公路项目品质工程创建工作，牢固树立“超前策划、样板引路、过程严控、一次成优”的品质工程建设目标，敦当项目公司在中铁十九局集团有限公司承建的DD1合同段举办了拱形骨架预制现场观摩会。

敦当高速公路项目拱形骨架预制现场观摩会（1）

敦当高速公路项目拱形骨架预制现场观摩会（2）

## 27 敦当项目公司举办2019年度第二期质量安全综合培训班

2019年5月7日，敦当项目公司举办2019年度第二期质量安全综合培训班。本次培训从应用振动拌和与宽幅超厚技术铺筑水泥稳定碎石基层、沥青路面优化技术等方面进行了重点讲解。

## 28 敦当高速公路项目钢筋加工自动化入选“中华人民共和国交通运输部地方新闻板块”进行全国推广

2019年5月9日，敦当高速公路项目使用的4条自动化钢筋加工生产线获“中华人民共和国交通运输部地方新闻板块”全国推广。

棒材弯曲生产线

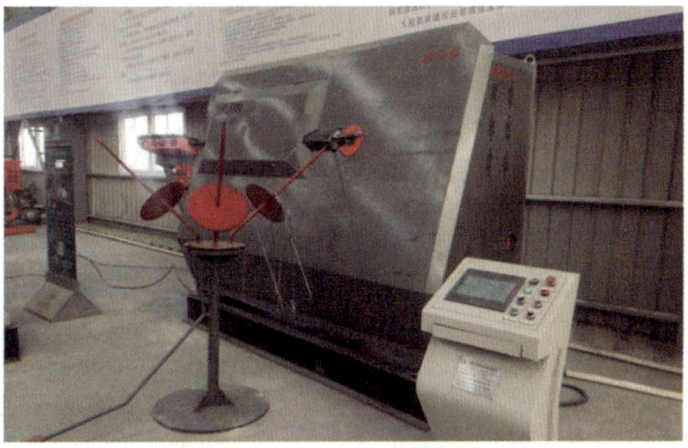

钢筋线材弯箍生产线

钢筋笼自动机械臂滚焊生产线

机器人智能焊接生产线

## 29 甘肃万泰敦当项目 DD4 合同段路面底基层试验段开始铺筑

2019 年 5 月 22 日，甘肃万泰 DD4 合同段路面底基层试验段正式铺筑，标志着 DD4 合同段路面工程全面启动，同时也拉开了敦当高速公路项目路面底基层施工的序幕。试验段在 DD4 合同段 313 千米 +140 米—313 千米 +440 米右幅，全长 300 米，宽度 13.2 米，设计厚度 20 厘米，地处当金山以南，海拔 3200 米，高寒、高海拔、常年大风沙，恶劣的自然环境造成施工难度大、技术要求高。铺筑当天，DT1800 摊铺机、钢轮压路机、胶轮压路机、自卸车等各种设备在技术人员的指挥下有序衔接，试验检测人员进行实时现场检测，及时提取数据指标。经过 6 个多小时的紧张施工，试验段顺利铺筑完成。

## 30 敦当项目公司开展爱心捐助活动

2019年5月29日，阿克塞哈萨克族自治县委举行以“让爱飞翔，托起明天的希望”为主题的2019年“慈善一日捐”活动。敦当项目公司临时党支部积极响应号召，组织全体参建人员参与爱心捐助活动，共捐款41010元。

敦当高速公路项目参加阿克塞县“慈善一日捐”活动

## 31 敦当项目公司印发《敦当高速公路项目淘汰落后施工工艺、材料、机械及设备目录（第二批）》

2019年5月30日，针对路面工程施工实际情况及施工质量易发问题，敦当项目公司对《敦当高速公路项目淘汰落后施工工艺、材料、机械及设备目录（第一批）》进行补充，印发了《敦当高速公路项目淘汰落后施工工艺、材料、机械及设备目录（第二批）》。

## 32 敦当项目公司召开敦当高速公路项目路基填筑作业反面现场会

2019年6月3日，为切实加强敦当高速公路项目路基填筑作业质量，提升全员质量意识，敦当项目公司在路基填筑现场组织召开敦当高速公路项目路基填筑作业反面现场会，对存在问题的路基现场进行全面返工处理。

## 33 敦当项目公司组织各参建单位在DDSY Ⅱ合同段隧道进口举行隧道坍塌应急救援演练

2019年6月7日，敦当项目公司组织各参建单位在DDSY Ⅱ合同段隧道进口举行隧道坍塌应急救援演练。

敦当项目公司开展隧道坍塌应急演练活动

## 34 敦当项目公司印发《敦当高速公路项目隧道防排水施工质量控制要点》

2019年6月11日，为进一步加强隧道防排水施工质量，消除质量通病，保证隧道防排水结构耐久性、可靠性，敦当项目公司编印《敦当高速公路项目隧道防排水施工质量控制要点》，对隧道渗水监测、排水盲管布设、防水板挂铺和钢筋绑扎等方面提出具体操作标准和精细化控制要求。

## 35 敦当项目公司开展送温暖活动

2019年6月12日，敦当项目公司组织开展送温暖活动，对项目沿线转渠口镇、肃州镇共4户贫困家庭进行了慰问，并送去了米、面、油等。6月14日，敦当高速公路项目组织开展捐助贫困学生爱心活动，为阳关镇40名贫困学生及黄渠镇30名贫困学生捐赠文具及书包，同时为阳关中学和明德小学捐赠体育用品。

敦当高速公路项目组织开展捐助贫困学生爱心活动

## 36 时任甘肃省公交建集团党委书记、董事长刘建勋一行调研指导敦当高速公路项目建设情况

2019年6月22日，时任省公交建集团党委书记、董事长刘建勋调研敦当高速公路项目。刘建勋先后实地查看了阿尔金山隧道出口、路面底基层、小型预制构件厂、钢筋加工厂和混凝土拌和站等现场施工及场站建设情况，并同阿克塞哈萨克族自治县有关领导进行了会谈，对阿克塞哈萨克族自治县政府给予敦当高速公路项目建设的大力支持表示感谢。

时任省公交建集团党委书记、董事长刘建勋（前排左二）调研指导敦当高速公路项目（1）

时任省公交建集团党委书记、董事长刘建勋（前排左二）调研指导敦当高速公路项目（2）

## 37 敦当项目公司举办“品质工程”摄影大赛

2019年6月23日，为更好地宣传敦当高速公路项目建设风采，展现一线员工健康、积极、乐观的精神面貌，记录敦当人不畏艰难，追逐品质的精神，敦当项目公司举办了敦当高速公路项目“品质工程”摄影大赛。

敦当高速公路项目“品质工程”摄影大赛精选照片（1）

敦当高速公路项目“品质工程”摄影大赛精选照片（2）

## 38 敦当项目公司联合阿克塞哈萨克族自治县交通运输局举办以“迎七一、促党建、抓安全”为主题的知识竞赛活动

2019年6月25日下午，敦当项目公司联合阿克塞哈萨克族自治县交通运输局举办“迎七一、促党建、抓安全”主题知识竞赛。

"迎七一、促党建、抓安全"主题知识竞赛参赛人员合影

## 39 敦当项目公司成功举办路基标准化施工现场观摩会

2019年6月25日，敦当项目公司举办了敦当高速公路项目路基标准化施工现场观摩会。各参建单位在观摩DD2合同段路基填筑、边坡夯拍及台背回填标准化作业的同时，就路基施工标准化作业进行深入交流。

敦当高速公路项目路基施工现场观摩会（1）

敦当高速公路项目路基施工现场观摩会（2）

## 40 省交通质监局联合敦当项目公司及阿克塞哈萨克族自治县政府举办以“防风险、除隐患、遏事故”为主题的“安全生产咨询日”活动

2019年6月27日，省交通质监局主办、敦当项目公司联合阿克塞哈萨克族自治县政府承办了“防风险、除隐患、遏事故”主题“安全生产咨询日”活动。

2019 年“安全生产月”宣传咨询活动在敦当高速公路项目举办（1）

2019年“安全生产月”宣传咨询活动在敦当高速公路项目举办（2）

## 41 敦当项目公司临时党支部获省公交建集团“先进基层党支部”荣誉称号

2019年6月28日，省公交建集团印发《关于表彰优秀共产党员、优秀党务工作者、先进基层党支部的决定》，敦当项目公司临时党支部获集团“先进基层党支部”荣誉称号，项目公司质量监理科科长马龙被授予“优秀共产党员”称号。

## 42 敦当项目公司印发《敦当高速公路项目拱型骨架护坡安装作业指导书》

2019年6月30日，敦当项目公司印发《敦当高速公路项目拱形骨架护坡安装作业指导书》，对拱型骨架施工准备、施工工艺及技术要求、质量控制与检验、砌体工程质量通病及预防纠正措施提出要求。

## 43 省交通厅投融资办联合省交投公司调研敦当高速公路项目建设情况

2019年7月2日，省交通厅投融资办联合省交投公司调研敦当高速公路项目，调研组一行实地查看了阿尔金山隧道出口、路面底基层、小型预制构件厂、钢筋加工厂和混凝土拌和站等现场施工及场站建设情况。

省交通运输厅投融资办及交投公司调研敦当高速公路项目

## 44 敦当项目公司修订完善《敦当高速公路项目三背回填施工作业指导书》

2019年7月23日，敦当项目公司对《敦当高速公路项目三背回填施工作业指导书》进行修订完善。

## 45 敦当项目公司举办“大干100天”誓师动员暨“迎八一、鼓干劲”文艺汇演

2019年7月31日，在建军节来临之际，敦当项目公司以“喜迎八一、慰问老兵”“大干100天”誓师动员为主题，举办“大干100天”誓师动员暨“迎八一、鼓干劲”文艺汇演。

敦当项目公司举办“大干100天”誓师动员会暨“迎八一、鼓干劲”文艺汇演

## 46 “敦当高速公路项目智能化用电及风速监测安全防护技术宣传片”入选2019年甘肃省公路建设项目安全生产系列宣传片

2019年8月9日，敦当项目公司录制的“敦当高速公路项目智能化用电及风速监测安

全防护技术宣传片”入选2019年甘肃省公路建设项目安全生产系列宣传片，获省交通质监局表扬。

## 47 敦当高速公路项目变更水土保持技术服务单位

2019年8月12日，敦当高速公路项目水土保持技术服务原中标单位甘肃江河公司被甘肃省水利水电勘测设计研究院有限责任公司吸收合并，原甘肃江河公司所有债权债务均移交至甘肃省水利水电勘测设计研究院有限责任公司继续履行。

## 48 “敦当高速公路项目钢筋工厂自动化加工宣传片”入选2019年甘肃省公路建设项目“品质工程”系列宣传

2019年8月12日，敦当项目公司录制的“敦当高速公路项目钢筋工厂自动化加工宣传片”入选2019年甘肃省公路建设项目“品质工程”系列宣传片，获省交通质监局表扬。

## 49 “敦当高速公路项目小型构件工厂自动化生产宣传片”入选2019年甘肃省公路建设项目“品质工程”系列宣传片

2019年8月15日，敦当项目公司录制的“敦当高速公路项目小型构件工厂自动化生产宣传片”入选2019年甘肃省公路建设项目“品质工程”系列宣传片，获省交通质监局表扬。

## 50 “敦当高速公路项目路基边坡夯拍及三背回填振动液压夯实技术宣传片”入选2019年甘肃省公路建设项目“品质工程”系列宣传片

2019年8月17日，敦当项目公司录制的“敦当高速公路项目路基边坡夯拍及三背回填振动液压夯实技术宣传片”入选2019年甘肃省公路建设项目“品质工程”系列宣传片，获省交通质监局表扬。

## 51 敦当项目公司完成公路环境保护技术服务第三次招标和主线下穿 750 千伏、330 千伏输电线路改迁工程设计施工总承包招标工作

2019年8月19日，敦当项目公司完成柳格国高（$G30_{11}$）敦煌至当金山口段公路环境保护技术服务第三次招标，中标单位为山西省交通环境保护中心站（有限公司）。同日，敦当项目公司完成柳格国高（$G30_{11}$）敦煌至当金山口公路主线下穿750千伏、330千伏输电线路改迁工程设计施工总承包招标，中标单位为中国能源建设集团甘肃省电力设计院有限公司。

## 52 敦当项目公司完成甘肃省公路设施建管养一体化信息化集成服务平台示范试点项目招标工作

2019年8月21日，敦当项目公司完成甘肃省公路设施建管养一体化信息化集成服务平台示范试点项目招标，中标单位为兰州朗青交通科技有限公司/深圳高速工程顾问有限公司（联合体）。

## 53 敦当高速公路项目“戈壁沙漠地区宽幅大厚度水泥稳定碎石基层施工技术”试验段成功铺筑，并验收合格

2019年8月24日，敦当项目公司组织相关单位对由中铁五局承建的DD3合同段宽幅大厚度水泥稳定碎石基层试验段进行检测，检测结果显示该试验段各项指标均达到设计和规范要求。戈壁沙漠地区宽幅大厚度水泥稳定碎石基层施工技术有效消除了传统基层分层摊铺造成的层间薄弱带问题，保证了原设计大厚度基层的整体性；解决了沿线沙漠、戈壁及风沙地区基层养生水资源匮乏的难题；提高了施工效率及建设进度。该试验段的

成功为“戈壁沙漠地区宽幅大厚度水泥稳定碎石基层施工技术”在敦当高速公路项目全线应用拉开了序幕。

## 54 敦当高速公路项目 DD3 合同段首片空心板架设成功

2019年8月26日上午，敦当高速公路项目DD3合同段首片8米空心板成功架设。首片空心板的成功架设，标志着DD3合同段空心板架设工作全面展开，为项目后续架梁工作积累了经验。

## 55 敦当项目公司印发《敦当高速公路项目盐渍土地区公路施工质量控制作业指导书》

2019年8月29日，敦当项目公司印发《敦当高速公路项目盐渍土地区公路施工质量控制作业指导书》，对盐渍土地区公路施工过程中路基、路面、混凝土工程含盐量试验检测进行全面总结，确保公路盐渍土病害防治得当。

## 56 敦当项目公司印发《品质工程体系文件编制版式及相关要求》

2019年9月13日，为进一步规范“品质工程”创建过程文件编制、收集工作，敦当项目公司印发了敦当高速公路项目《品质工程体系文件编制版式及相关要求》。

## 57 张掖交通建设投资有限责任公司牵头多家单位到敦当高速公路项目观摩交流

2019年9月24日，张掖交通建设投资有限责任公司一行来到施工现场，观摩DD2合同段宽幅大厚度水泥稳定碎石基层施工、小型预制构件厂标准机械化施工、钢筋加工场4条智能生产线、混凝土拌和站冬季施工保温系统、沥青拌和站全封闭料仓。

敦当项目公司举行 DD2 合同段现场观摩会

## 58 敦当项目公司及 5 名参建人员获甘肃省交通运输厅表彰

2019年9月27日，甘肃省交通运输厅印发《关于对全省公路工程“品质工程”创建工作优秀建设项目、先进单位、先进集体、先进个人进行表彰的决定》，敦当高速公路项目刘杰、马龙、常伟学、华登攀、魏明礼获甘肃省公路水运“品质工程”示范创建“先进个人”表彰。

## 59 敦当项目公司完成公路项目交工验收质量检测招标工作

2019年9月30日，敦当项目公司完成敦当高速公路项目交工验收质量检测招标，中标单位为甘肃省交通规划勘察设计院股份有限公司/武汉国检检测技术有限公司（联合体）。

## 60 敦当项目公司主编的科普漫画《马小五打工记》被评选为“平安交通”全国重点推荐案例

2019年9月30日，敦当项目公司主编的公路施工安全科普漫画《马小五打工记》被交通运输部安全生产委员会办公室评选为“平安交通”创新案例全国重点推荐案例。

## 61 敦当项目公司举办敦当高速公路项目第四届秋季运动会

2019年9月30日，敦当高速公路项目举办以“快乐工作、快乐生活”为主题的第四届秋季运动会。

敦当项目公司第四届秋季运动会

## 62 敦当高速公路项目成功架设沙枣园跨线特大桥首片钢-混组合梁

2019年10月23日，敦当高速公路项目沙枣园跨线特大桥首片钢-混组合梁成功架设。此次架设的首跨桥梁为187千米+039.5米处跨线特大桥，设计采用波形钢腹板结构，全长1447米，横跨敦格铁路及G215线。

敦当高速公路项目沙枣园跨线特大桥首片钢 - 混组合梁架设成功

## 63 敦当高速公路项目全线最长特大桥——大鄂博图沟特大桥实现双幅合龙

2019年10月23日，在喜迎新中国成立70周年之际，敦当高速公路项目全线最长的特大桥——大鄂博图沟特大桥实现双幅合龙，标志着敦当高速公路项目建设取得又一阶段性新突破，为敦当高速公路项目全线通车打下了坚实的基础。大鄂博图沟特大桥位于阿克塞哈萨克族自治县海拔3400米的当金山无人区，全长2607米，是敦当高速公路项目全线控制性工程之一，上部结构为52×40米+26×20米预应力混凝土箱梁结构，最大墩高63.5米。

试验段控制性工程大鄂博图沟特大桥实现双幅合龙

## 64 省交通质监局专项督查敦当高速公路项目房建工程

2019年10月24日，省交通质监局一行到敦当高速公路项目，对已开工的房建工程进行专项督查。督查组一行深入施工现场，对敦当高速公路项目在建的阿克塞服务区、阿克塞收费管理所、阳关服务区等房建工程进行了现场督查与指导，实地听取了项目公司对房建工程建设情况的汇报。

省交通质监局督查敦当高速公路项目房建工程

## 65 敦当项目公司完成交工验收质量检测招标 DDJGJC-2 合同段第二次招标工作

2019年10月24日，敦当项目公司完成敦当高速公路项目交工验收质量检测DDJGJC-2合同段第二次招标工作，确定中标单位为中咨公路养护检测技术有限公司/包头市鑫隆无损检测技术有限责任公司（联合体）。

## 66 敦当高速公路项目 DD1 合同段成功架设首榀工字钢-混凝土组合梁

2019年10月25日，敦当高速公路项目DD1合同段首榀工字钢-混凝土组合梁成功架设。本次架设首榀梁为党河大桥20米简支工字钢-混凝土组合梁，顶宽3.45米、底宽3米。

敦当高速公路项目 DD1 合同段首榀钢 - 混凝土组合梁架设成功

## 67 敦当高速公路项目完成敦煌西互通立交连接线下穿敦格铁路框架桥顶进施工任务

2019年10月27日，敦当高速公路项目敦煌西互通立交连接线下穿敦格铁路钢筋混凝土框架桥顺利顶进到位，标志着敦当高速公路项目框架桥顶进施工顺利完成，为敦煌西互通匝道连接G215线顺利完成节点目标奠定了基础。

## 68 敦当高速公路项目阿克塞东收费站综合楼顺利封顶

2019年10月27日，随着最后一道工序的完成，敦当高速公路项目阿克塞收费管理所综合楼顺利封顶，是项目全线首个成功封顶的房建工程。

## 69 省公交建集团在敦当高速公路项目召开观摩会

2019年11月7日至8日，省公交建集团在敦当高速公路项目召开高速公路项目建设观摩交流会。观摩团先后观摩敦当高速公路项目DD1合同段小型构件预制厂，DD2合同段标准化厂站建设、钢箱梁二拼厂、跨线特大桥、三背回填及路基边坡振动夯实等标准化作业，DD3合同段钢筋加工厂、戈壁沙漠地区宽幅大厚度水泥稳定碎石基层施工现场、智慧用电技术及安全防护、预制箱梁蒸汽养生、路面拱胀预防和沥青路面标准化施工等施工作业现场。

省公交建集团组织观摩团到敦当高速公路项目 DD1 合同段观摩小型构件工厂化生产流水线（1）

省公交建集团组织观摩团到敦当高速公路项目 DD1 合同段观摩小型构件工厂化生产流水线（2）

省公交建集团组织观摩团到敦当高速公路项目 DD1 合同段观摩小型构件工厂化生产流水线（3）

## 70 敦当高速公路项目主线下穿 G215 线框架桥工程提前完工

2019年11月22日，由中铁五局集团承建的DD3合同段敦当高速公路项目下穿G215线框架桥工程提前恢复通车。

G215 线恢复工程提前通车

## 71 敦当项目公司变更经营范围

2019年11月22日，敦当项目公司经营范围变更为：敦煌至当金山口公路工程的投资、设计、施工建设；建设项目的运营、管理、养护维修；收取车辆通行费；公路沿线许可范围内的广告、餐饮、汽车旅馆、百货零售；汽车及机电维修、汽车配件销售、燃油料销售。

## 72 敦当项目公司投资人宁波梅山保税港区交建敦当一期股权投资基金合伙企业退出

2019年11月22日，敦当项目公司投资人宁波梅山保税港区交建敦当一期股权投资基金合伙企业（有限合伙）：5000.0000万元退出。

## 73 敦当项目公司变更办公地址

2019年11月22日，敦当项目公司办公地址由甘肃省兰州市城关区永昌路2号交通实业大厦7层001号变更为甘肃省酒泉市敦煌市阳关西路5号。

## 74 敦当高速公路项目 330 千伏、750 千伏电力线路迁改工程监理单位采购完成竞争性谈判

2019年11月26日，敦当项目公司完成了330千伏、750千伏电力线路迁改工程监理单位采购工作，成交单位为甘肃诺鑫工程监理咨询有限公司。

## 75 敦当项目公司党支部组织召开党的十九届四中全会精神专题学习研讨会

2019年12月1日，敦当项目公司党支部组织召开党的十九届四中全会精神专题学习研讨会，项目公司全体党员干部参会学习并开展了交流研讨。

## 76 敦当项目公司举办“国家宪法日暨宪法宣传周”普法专题讲座

2019年12月9日，敦当项目公司举办“国家宪法日暨宪法宣传周”普法专题讲座，项目公司全体员工参加了本次讲座。

## 77 敦当高速公路项目建设用地获中华人民共和国自然资源部批复

2019年12月11日，敦当高速公路项目建设用地获中华人民共和国自然资源部批复（自然资函〔2019〕720号）。

## 78 省公交建集团党委副书记、总经理杨重存带队对敦当高速公路项目建设进行考核

2019年12月27日，省公交建集团党委副书记、总经理杨重存到敦当高速公路项目进行2019年年终考核。考核组对敦当高速公路项目取得的成绩给予了充分的肯定，同时要求全体参建人员做好冬季施工质量管控，加紧做好备料工作，为2020年阶段性建成通车做好准备。

省公交建集团党委副书记、总经理杨重存（左二）调研敦当高速公路项目

# 2019年主要建设情况

2019 年是敦当项目建设的关键之年，项目全线施工进展顺利。

实体工程完成情况：

试验段工程：路基土石方 380.92 万立方米，已完成 380.92 万立方米，占路基土石方总量的 100%；防护工程 38867.59 立方米，已完成 37388.04 立方米，占防护工程总量的 96.2%；涵洞 46 道，已完成 44 道，占涵洞总量的 95.65%。桥涵工程中小桥已全部完成，大巴特沟特大桥下部结构及梁板吊装已全部完成。当金山隧道左线设计 4441 米，开挖完成 4232.4 米；右线设计 4418 米，开挖完成 4230 米。阿尔金山隧道左线设计 7525 米，开挖完成 5386 米；右线设计 7527 米，开挖完成 5262 米；斜井主洞设计 1401 米，已全完成；其他附属洞室开挖完成，并完成二次衬砌施工。

试验段以外部分：路基土石方2216.35万立方米，已全部完工。路面工程按单幅统计，路面底基层347.18千米，完成114.6千米，占路面底基层总量的33%；路面基层347.18千米，完成114.39千米，占路面基层总量的32.95%；路面下面层347.18千米，完成110.89千米，占路面下面层总量的31.94%。小桥台身及梁板吊装全部完成，涵洞全部完成，大中桥墩柱全部完成，完成部分钢箱梁吊装工作，其中党河大桥、187千米+054.5米跨线特大桥、肃阿分离式立交跨线大桥、长草沟大桥、哲兰德沟大桥完成工字钢组合梁及钢箱梁的吊装工作；红崖子沟特大桥下部结构完成70%，完成部分箱梁预制和吊装工作。

# 2020年

## 1 敦当高速公路项目获甘肃省交通运输厅表扬

2020年1月22日，甘肃省交通运输厅印发《关于全省公路工程建设项目2019年下半年综合督查的通报》。敦当高速公路项目在全省在建高速公路项目中名列前茅。

## 2 敦当项目公司为阿克塞哈萨克族自治县交通运输局疫情防控一线职工捐赠防疫物资

2020年2月15日上午，敦当项目公司为阿克塞哈萨克族自治县交通运输局24小时奋战在疫情防控一线的职工送去消毒液、矿泉水、方便面等防疫物资。

## 3 时任敦煌市副市长曹彦军到敦当项目公司调研敦当高速公路项目疫情防控和复工复产准备工作

2020年2月19日上午，时任敦煌市副市长曹彦军到敦当项目公司慰问并调研敦当高速公路项目疫情防控和复工复产准备工作。曹彦军仔细了解项目公司人员进场及物资运输、材料准备等相关情况，充分肯定敦当项目公司统筹抓好疫情防控、复工复产等各项工作措施。

## 4 省交通质监局督查敦当高速公路项目疫情防控和复工复产相关工作

2020年2月20日，省交通质监局督查敦当高速公路项目疫情防控和复工复产相关工作。督查组深入施工现场，对敦当高速公路项目DD2合同段生活区域和办公区域疫情防控工作和复工复产准备工作现场进行督导，实地听取了敦当项目公司对疫情防控措施和相关重要节点工作情况汇报。

## 5 时任酒泉市副市长任晓敏调研敦当高速公路项目疫情防控及复工复产进展情况

2020年2月22日下午，时任酒泉市副市长任晓敏带队调研敦当高速公路项目疫情防控及复工复产进展情况。任晓敏仔细了解了敦当高速公路项目返岗人员结构、人员进场和复工准备工作等相关情况，充分肯定了敦当项目公司统筹抓好疫情防控、复工复产等各项工作措施。任晓敏指出，敦当项目公司要严格按照省疫情联防联控领导小组和地方政府相关文件要求，对项目返岗人员严格实行分级分区隔离管控，确保实行健康状况“一人一档”管理，及时与地方政府及防疫部门实现信息共享。任晓敏强调，地方政府要大力支持敦当高速公路项目复工复产工作，符合放行和解除留观条件的返岗人员可直接放行，不再执行14天隔离措施。

## 6 省公交建集团总工程师赵发章到敦当高速公路项目督查复工复产相关情况

2020年2月24日，省公交建集团总工程师赵发章深入敦当高速公路项目DD2合同段钢箱梁二拼厂督查复工复产相关情况，对敦当高速公路项目重点工程之一的钢箱梁二拼厂率先完成各项防疫措施及准备工作，并于2月22日进入正常施工管理状态表示肯定。

## 7 敦当高速公路项目在省公交建集团2019年年终综合检查中名列第二

2020年2月29日，省公交建集团印发《关于2019年度集团建设项目年度考核情况的通报》，敦当高速公路项目在2019年集团在建高速公路项目中综合排名第二。

省公交建集团总工程师赵发章（前排）调研敦当高速公路项目复工复产情况

## 8 时任酒泉市委书记吴仰东调研敦当高速公路项目疫情防控和复工复产工作情况

2020年3月2日至3日，时任酒泉市委书记吴仰东调研敦当高速公路项目疫情防控和复工复产工作情况。吴仰东深入敦当高速公路项目DD2合同段钢箱梁二拼厂、DD3合同段当金山北收费站，实地查看了敦当高速公路项目疫情防控及复工复产相关工作情况，仔细听取了敦当项目公司主要负责人的汇报，详细了解了敦当高速公路项目全年用工情况、进场人员情况及项目建设情况。

## 9 疫情期间敦当高速公路项目采用“点对点”直达包车方式分批次集中组织工人返岗

2020年3月11日下午，随着6辆大型客车缓缓驶入中铁十九局敦当高速公路项目DD1合同段驻地，第二批来自辽宁的156名返岗工人，乘坐项目公司准备的“点对点”直达专车，经过3000多千米的长途跋涉，平安到达工地。为切实落实甘肃省委省政府、甘肃省政府国资委和省公交建集团疫情防控和复工复产的工作部署，加快推动敦当高速公路项目安全有序复工复产，全力保障职工安心返岗，敦当高速公路项目与地方政府积极对接，制定专车接职工返岗方案，采用“点对点”直达的包车运输方式，分批次集中组织工人返岗。

## 10 省交通质监局督查敦当高速公路项目复工复产工作

2020年3月16日，省交通质监局督查敦当高速公路项目复工复产工作。督查组仔细听取了敦当项目公司对疫情防控措施和相关重要节点工作情况的汇报，了解项目建设及复工存在的困难和问题，对敦当高速公路项目全面复工复产进展情况进行了现场督查与指导。

## 11 敦当项目公司表彰优秀施工班组和先进工作者

2020年3月17日，敦当项目公司印发文件（甘敦当司〔2020〕93号），对项目全线开工建设以来表现突出、甘于奉献的DDSY Ⅰ合同段混凝土箱梁预制班组（江油市友福劳务有限公司）、DDSY Ⅱ合同段隧道进口劳务班组（青海昭华建筑劳务有限公司）、DD1合同段小型构件班组（金昌市润鑫工贸有限公司敦煌分公司）、DD2合同段水稳摊铺班组（河南泰力公路工程有限公司）、DD3合同段水稳摊铺班组（徐州九青建筑劳务有限公司）、DD4合同段红崖子特大桥下部施工班组（四川峰赫建筑工程有限公司）、DDFJ合同段阿克塞匝道收费站（定西晟顺劳务工程有限公司）授予“优秀施工班组”称号；对李宝成、袁鹰、陈小明、米小强、刘吉祥、刘豪授予“优秀项目管理者”称号；对张心贤、刘安全、于爱华、周永超、韩春昌授予“优秀安全管理者”称号；对李中有、李建兴、谢炳强授予“优秀监理工程师”称号；对余洪彬、龙世俊、高小炬授予“优秀试验检测师”称号；对马龙、张秀智、杨涛、张丽珺、陈墨冲、张明、张兴成、赵永福、吴文斌、许伟、曹龙、任学辉、樊小强、张晓海、赵鹏飞、王奇、乔想军、武阿林、杨永虎、张晓强、刘蒙蒙、段润超、吴德瑞、刘永国、陈国旺、党泽民、张永成、吕虎、张一宁、王洪权、文永刚、王淑龙、余杨、周林刚、周岗、郭磊、陈文、安晓福、樊金虎、吴振龙、向杰、王鸿福、陈建国、殷建刚、何海涛授予“先进工作者”称号。

## 12 敦当高速公路项目 DD2 合同段完成沥青中面层试验段摊铺

2020年3月22日，中铁十五局DD2合同段沥青中面层试验段顺利摊铺完成。摊铺过程中，现场技术人员对摊铺宽度、厚度、高程、速率、温度进行严格的“双检”，压路机按照“紧跟、慢碾、高频、低幅、少水”的方法进行初压、复压、终压，项目部严格按规范要求完成中面层试验段的摊铺。经检验，压实后的厚度、高程、平整度等各项指标均满足设计要求，为敦当项目沥青中面层大面积施工做好了首件示范。

## 13 时任甘肃省委书记、省人大常委会主任、省新冠肺炎疫情联防联控小组组长林铎实地调研指导敦当高速公路项目复工复产工作

2020年3月25日，时任甘肃省委书记、省人大常委会主任、省新冠肺炎疫情联防联控小组组长林铎来到敦当高速公路项目海拔3360米的阿尔金山隧道施工现场，实地调研指导敦当高速公路项目复工复产工作。在隧道施工现场，林铎听取了时任省公交建集团党委书记、董事长刘建勋对项目建设及2020年复工复产情况的汇报，林铎对项目扎根高原，大力推行机械化、班组化施工给予充分肯定，并鼓励建设者要勇于担当，弘扬“铺路石”精神，持续抓好质量安全工作，打造“品质工程”。调研期间，林铎与一线工作人员亲切交谈，详细询问他们工作、生活和身体状况，并动情地朗诵了诗歌《公路情》（见附录），来表达对扎根一线的公路建设者的赞美。

时任省委书记林铎（左二）听取时任省公交建集团党委书记、董事长刘建勋（左三）汇报项目复工复产情况

时任省委书记林铎与敦当高速公路项目参建人员合影

## 14 中铁建甘肃张扁高速公路有限公司到敦当高速公路项目观摩交流

2020年3月28日，中铁建甘肃张扁高速公路有限公司到敦当高速公路项目观摩交流。敦当项目公司从“品质工程”创建、质量安全管理、“四新”技术应用等方面进行了现场汇报。观摩团重点观摩了戈壁沙漠地区宽幅大厚度基层施工及中面层施工现场，并参加了交流座谈会。

张扁高速公路项目观摩团到敦当高速公路项目观摩交流

## 15 敦当高速公路项目完成机电工程施工招标工作

2020年3月30日，敦当项目公司完成柳格国高（$G30_{11}$）敦煌至当金山口段公路机电工程DDJD-2合同施工招标，中标单位为兰州朗青交通科技有限公司。

## 16 敦当高速公路项目试验段中心试验室主任龙世俊获2019年“全省优秀试验检测工程师”荣誉称号

2020年4月3日，省交通建设质量安全造价中心下发《关于表彰2019年度甘肃省交通行业优秀试验检测、监理企业和个人的通知》（甘交质监〔2020〕32号），敦当高速公路项目试验段中心试验室主任龙世俊获2019年度“全省优秀试验检测工程师”荣誉称号。

## 17 敦当项目公司印发《中央分隔带及混凝土路肩精细化施工质量控制要点》

2020年4月17日，为有效防治中央分隔带及路肩混凝土松散开裂、泛盐等质量通病，切实提高中央分隔带及混凝土路肩的耐久性，确保中央分隔带及混凝土路肩质量可靠、顶面平整、线形直顺、曲线圆滑美观，敦当项目公司印发《中央分隔带及混凝土路肩精细化施工质量控制要点》。

## 18 省公交建集团组织召开敦当高速公路项目隧道施工技术交流视频会

2020年4月22日下午，省公交建集团组织召开敦当高速公路项目隧道施工技术交流视频会，总结隧道突泥涌水处治经验，并就隧道先进施工工艺进行研讨交流。会议根据敦当高速公路项目隧道施工总体情况和施工技术重难点，采用智慧公交建系统对洞内施工情况进行现场介绍，内容涵盖了阿尔金山隧道突泥、涌水段落和突泥处治理现场施工情况。

## 19 甘肃省公航旅集团肃沙项目公司组织技术人员到敦当高速公路项目进行“戈壁沙漠地区宽幅大厚度水稳碎石基层施工技术”专题交流

2020年4月23日上午，甘肃省公航旅集团肃沙项目公司组织技术人员到敦当高速公路项目进行“戈壁沙漠地区宽幅大厚度水稳碎石基层施工技术”专题交流。

## 20 敦当项目公司召开一届九次董事会

2020年4月28日，敦当项目公司召开一届九次董事会，会议决定聘任刘杰为敦当项目公司总经理，解聘陈海明敦当项目公司总经理职务，解聘刘杰敦当项目公司总工程师职务。

## 21 敦当高速公路项目当金山隧道左线顺利贯通

2020年5月6日1时20分，敦当高速公路项目当金山隧道左线顺利贯通。

敦当高速公路项目当金山隧道左线顺利贯通

建设中的当金山特长隧道出口鸟瞰图

## 22 省公交建集团党委副书记、工会主席张肃军到敦当高速公路项目督查项目建设进展情况

2020年5月12日，省公交建集团党委副书记、工会主席张肃军到敦当高速公路督查项目建设情况。督查组深入施工现场，实地查看了敦当高速公路项目阿尔金山隧道，详细查看箱梁预制场、钢箱梁二拼厂、路面基层拌和站及路面施工现场。

## 23 时任甘肃省应急管理厅党组书记、厅长黄泽元到敦当高速公路项目调研阿尔金山隧道工程建设情况

2020年5月19日下午，时任甘肃省应急管理厅党组书记、厅长黄泽元到敦当高速公路项目调研阿尔金山隧道建设情况。黄泽元先后到阿尔金山隧道出口、信息化监控室、安全体验馆实地查看了项目安全生产、应急管理、施工进展、风险隐患排查等工作，现场听取了项目负责人对项目施工进度、施工工艺、施工难度、品质工程创建及下一步施工计划安排等情况的详细介绍。

时任省应急管理厅党组书记、厅长黄泽元（前排右二）调研指导敦当高速公路项目

## 24 敦当高速公路项目完成房建工程交（竣）工验收质量检测和机电工程交（竣）工验收质量检测招标工作

2020年5月20日，敦当项目公司完成敦当高速公路项目房建工程交（竣）工验收质量检测和机电工程交（竣）工验收质量检测招标工作，确定房建工程交（竣）工验收质量检测中标单位为甘肃省公路工程质量试验检测中心有限公司，机电工程交（竣）工验收质量检测中标单位为甘肃省公路工程质量试验检测中心有限公司。

## 25 时任甘肃省委常委、政法委书记胡焯到敦当高速公路项目调研建设工作

2020年5月28日，时任甘肃省委常委、政法委书记胡焯到敦当高速公路项目调研建设工作。胡焯先后查看了当金山隧道和大鄂博图沟特大桥施工情况，详细听取了敦当项目公司主要负责人对项目建设情况的汇报，对项目建设各方面取得的成绩给予了肯定。胡焯指出，当地政府要对项目建设过程中出现的煽动闹事、阻止施工、扰乱施工秩序等行为进行严厉打击，为项目营造良好的建设环境。

时任省委常委、政法委书记胡焯（前排右二）调研敦当高速公路项目阿尔金山隧道

# 26 敦当高速公路项目组织开展2020年劳动竞赛及“安全生产月”活动启动仪式

2020年5月30日，敦当项目公司以全国第十九个“安全生产月”活动为契机，组织各参建单位在中铁十五局集团DD2合同段项目经理部开展了以“六比六创、决胜敦当”为主题的劳动竞赛及以“消除事故隐患、筑牢安全防线”为主题的“安全生产月”活动启动仪式。在启动仪式上，项目公司对2020年劳动竞赛及“安全生产月”活动实施方案进行了安排部署，要求各参建单位通过深入开展劳动竞赛和“安全生产月”活动，进一步掀起劳动竞赛新高潮，全面落实企业安全生产主体责任，弘扬安全发展理念，确保项目安全形势平稳可控。

敦当高速公路项目组织召开2020年劳动竞赛及“安全生产月”活动（1）

敦当高速公路项目组织召开2020年劳动竞赛及“安全生产月”活动（2）

## 27 敦当项目公司主编的《马小五打工记——公路施工安全科普漫画》由人民交通出版社股份有限公司正式出版

2020年6月，由敦当项目公司主编的《马小五打工记——公路施工安全科普漫画》由人民交通出版社股份有限公司正式出版发行。这是继交通运输部安委办对其全国推广后，敦当项目公司正式出版的第一本图书，以漫画为载体，直观、正面地反映了敦当高速公路项目日常安全管理工作。

《马小五打工记——公路施工安全科普漫画》由人民交通出版社股份有限公司正式出版

## 28 阿尔金山隧道左线掘进突破6000米大关

2020年6月3日，阿尔金山隧道左线开挖掘进突破6000米大关，完成总量占左线全长的80%。阿尔金山隧道是柳格国高（$G30_{11}$）敦煌至当金山高速公路重点控制性工程，隧道左线长7527米，右线长7525米，是当时甘肃省内在建和已建成项目中海拔最高的高速公路隧道。

阿尔金山隧道左线掘进突破6000米大关

## 29 敦当高速公路项目举办2020年第一期综合培训班

2020年6月6日，敦当项目公司成功举办2020年度第一期综合培训班。本次培训从安全注意事项、全面落实企业安全生产主体责任、SMA沥青路面施工质量控制要点及加强国企党建等四个方面进行了重点讲解。

敦当高速公路项目组织召开2020年第一期综合培训班

## 30 敦当项目公司变更登记机关

2020年6月11日，敦当项目公司登记机关由甘肃省市场监督管理局变更为敦煌市市场监督管理局。

## 31 敦当项目公司召开一届十一次董事会

2020年6月15日，敦当项目公司召开一届十一次董事会，会议同意敦当、柳敦高速公路项目联合运营机构设置实施方案。

## 32 敦当高速公路项目开展 2020 年“安全咨询日”活动

2020年6月16日，敦当高速公路项目公司开展安全生产咨询日活动，促使全体施工人员将安全生产知识迅速转化为安全行为，形成从“要我安全”到“我要安全”“我会安全”的提升。此次活动直接宣传教育人员约300余人，发放宣传单、海报及安全生产知识手册、漫画1400余份。

## 33 S18 线张肃公路项目观摩团到敦当高速公路项目观摩交流

2020年6月16日，S18张肃公路项目观摩团到敦当高速公路项目进行技术交流学习。观摩团一行深入工地，先后查看了敦当高速公路项目DD3合同段肃阿分离式大桥墩柱混凝土外观，DD2合同段宽幅大厚度水稳碎石基层施工及DD1合同段SMA-13沥青玛蹄脂碎石上面层标准化施工。

S18 线张肃公路项目观摩团到敦当高速公路项目观摩交流

## 34 敦当高速公路项目 DD2 合同段完成跨线特大桥上跨敦格铁路钢 - 混组合梁架设任务

2020年6月27日，由中铁十五局承建的敦当高速公路项目DD2合同段跨线特大桥上跨敦格铁路钢-混组合梁架设任务顺利完成。该跨线特大桥全长1.417千米，共45跨，同时上跨G215线和敦格铁路。该跨线特大桥跨铁路钢-混组合梁架设任务的圆满完成，标志着敦当高速公路项目向2020年底建成通车又迈出至关重要的一步。

敦当高速公路项目 DD2 合同段跨线特大桥上跨敦格铁路钢 - 混组合梁架设任务顺利完成

## 35 敦当高速公路项目开展2020年“迎七一”主题党日活动

2020年6月28日，敦当项目公司开展了以“发挥公交建先锋作用、永葆党员先进本色”为主题的“迎七一”主题党日活动。活动在敦煌北互通立交举行，项目公司全体党员干部面对党旗宣誓，重温入党誓词，展示了敦当项目公司党员干部全力创建“品质工程”的决心。

敦当高速公路项目组织开展2020年“迎七一”主题党日活动

## 36 敦当项目公司召开一届十二次董事会

2020年6月28日，敦当项目公司召开一届十二次董事会，会议选举王方亮为敦当项目公司董事长，聘任汪小东为敦当项目公司总经理，聘任刘杰为敦当项目公司常务副总经理，解聘刘杰敦当项目公司总经理职务。

# 37 敦当高速公路项目敦煌北至孔家庄互通立交段顺利通车

2020年7月1日，敦当高速公路项目敦煌北至孔家庄互通立交段顺利通车。敦当高速公路项目116千米+900米—120千米+563米敦煌北至孔家庄立交段（长3.6千米），连接已建成的瓜敦高速公路和即将开通运营的柳敦高速公路，是连通“大敦煌文化旅游圈”的快速通道。此段顺利通车，实现了$G30_{11}$高速公路、柳园高铁站、G30高速公路及敦煌市的环路联通，大大促进了地方经济发展。

敦当高速公路项目敦煌北至孔家庄互通立交段顺利通车

# 38 省公交建集团党委副书记、工会主席张肃军调研敦当高速公路项目建设情况

2020年7月1日，省公交建集团党委副书记、工会主席张肃军到敦当高速公路项目调研。张肃军实地查看了敦当高速公路项目DD2合同段187千米+039.5米处跨线特大桥、DD3合同段肃阿路分离式大桥和阿克塞互通立交施工情况，对施工进度、质量和项目各项管控措施给予了充分肯定。

省公交建集团党委副书记、工会主席张肃军（左二）调研敦当高速公路项目（1）

省公交建集团党委副书记、工会主席张肃军（前排右一）调研敦当高速公路项目（2）

## 39 敦当高速公路项目组织开展“节能宣传周及节能低碳日”活动

2020年7月5日，敦当高速公路项目组织开展“节能宣传周及节能低碳日”活动。活动中，项目公司向参建人员分发节约用电用水、节约办公耗材、减少铺张浪费等主题宣传手册，让参建人员树立长期、全方位节能意识，引导其主动参与绿色办公、绿色出行、绿色施工、绿色消费。

敦当高速公路项目开展全国节能宣传周及全国低碳日活动

## 40 敦当项目公司印发《路面工程上面层精细化施工质量控制要点》

2020年7月6日，为进一步提升项目路面工程施工质量，有效防治路面工程施工过程中因施工工序工艺不当、机械设备配备不足、现场管控不严导致的上面层SMA-13沥青混凝土路面污染、离析、泛油、压实不足等质量通病，确保沥青路面工程质量，敦当项目公司组织编印了《路面工程上面层精细化施工质量控制要点》。

## 41 敦当高速公路项目DD4合同段完成钢混箱梁一期混凝土浇筑任务

2020年7月24日，随着最后一方混凝土的浇筑，甘肃万泰建设工程有限公司承建的DD4合同段钢混箱梁一期混凝土浇筑任务全部完成，为后续工程建设任务的顺利推进奠定了基础。

敦当高速公路项目 DD4 合同段钢混箱梁一期混凝土浇筑圆满完成

## 42 时任省公交建集团党委委员、副总经理魏永辉调研敦当项目公司党建工作并查看项目建设情况

2020年8月5日，时任省公交建集团党委委员、副总经理魏永辉调研敦当项目公司党支部建设工作并查看项目建设情况。魏永辉详细查阅了敦当项目公司党建资料，同时深入敦当高速公路项目DD1合同段路面上面层及交通安全工程施工现场，听取了项目公司有关项目建设情况的汇报，从机械化组合施工、混合料运输及交通安全工程材料等方面进行了详细了解，对敦当高速公路项目建设取得的阶段性成果表示肯定。

时任省公交建集团党委委员、副总经理魏永辉（右二）调研敦当项目党支部建设工作并查看项目建设情况

## 43 阿尔金山隧道进口右线与斜井排烟通道顺利交汇贯通

2020年8月11日，敦当高速公路项目阿尔金山隧道进口右线顺利与斜井排烟通道交汇贯通，标志着阿尔金山隧道的整体贯通迈出了关键一步。

阿尔金山隧道进口右线与斜井排烟通道顺利交汇贯通

## 44 当金山隧道双洞顺利贯通

2020年8月11日，由华邦建投集团股份有限公司承建的当金山隧道双洞顺利贯通。经过1400个日夜的不懈奋战，当金山隧道左线于2020年5月6日1时20分顺利贯通，97天后顺利完成右线贯通任务，这标志着敦当高速公路项目“陇上高原第一桥”——大鄂博图沟特大桥及“高原高寒特长隧道”——当金山隧道两项控制性工程顺利完成阶段性任务，为实现敦当高速公路项目年度通车目标打下了坚实基础。

当金山隧道双洞顺利贯通

## 45 甘肃省人民政府批复敦当高速公路收费站

2020年8月14日，甘肃省人民政府印发《甘肃省人民政府关于同意设置$G30_{11}$柳园至格尔木国家高速公路敦煌至当金山口段收费站的批复》（甘政函〔2020〕105号），同意敦当高速公路设置敦煌西、沙枣园、阿克塞东、阿克塞南、当金山北共5处收费站。

## 46 省公交建集团党委委员、纪委书记、监察专员李彦明调研敦当高速公路项目

2020年9月5日，省公交建集团党委委员、纪委书记、监察专员李彦明调研敦当高速公

路项目。李彦明深入施工现场及项目驻地先后查看了DDSYⅡ合同段隧道施工情况、DD4合同段红崖子沟特大桥施工进展、DD3合同段上面层摊铺现场、阳关服务区施工现场及敦煌北管理公司驻地，对党风廉政内业资料整理收集及党支部标准化建设情况进行了综合检查，并对敦当高速公路项目目前取得的成绩给予了充分肯定。

省公交建集团党委委员、纪委书记、监察专员李彦明（右一）调研指导敦当高速公路项目（1）

省公交建集团党委委员、纪委书记、监察专员李彦明（前排左三）调研指导敦当高速公路项目（2）

## 47 敦当项目公司启动运营期收费业务人员招聘工作

2021年9月11日，敦当项目公司正式启动运营期收费业务人员招聘工作。本次招聘按照公平、公正、公开、属地、择优的原则，面向社会招聘运营期收费工作人员，最终共招聘93人，主要负责本年内通车路段的收费、监控、票务、清障救援等工作。

## 48 敦当项目公司完成公务用车及养护机械设备采购事宜

2020年9月14日，敦当项目公司通过多方考察及市场询价，以竞争性谈判方式顺利完成公务用车及养护机械设备的采购工作。

## 49 敦当高速公路项目 DD2 合同段率先完成沥青路面施工任务

2020年9月27日，由中铁十五局承建的敦当高速公路项目DD2合同段最后1千米沥青上面层顺利摊铺完成，标志着该合同段路面施工任务全部完成，成为全线首家完成沥青路面铺筑任务的单位。

敦当高速公路项目 DD2 合同段率先完成沥青路面施工任务（1）

敦当高速公路项目 DD2 合同段率先完成沥青路面施工任务（2）

# 50 敦当项目公司举办第五届秋季运动会

2020年10月8日至9日，敦当项目公司举办以“庆双节、迎通车、创品质、树团队”为主题的第五届秋季运动会。

敦当项目公司举办第五届秋季运动会（1）

敦当项目公司举办第五届秋季运动会（2）

敦当项目公司举办第五届秋季运动会（3）

## 51 省公交建集团党委副书记、总经理杨重存调研敦当柳敦项目公司并为公司揭牌

2020年10月15日，省公交建集团党委副书记、总经理杨重存调研敦当柳敦项目公司并为公司揭牌。调研组首先参观了项目公司办公、生活环境，随后对敦煌北监控分中心运行情况进行督查指导，并观看了敦当项目隧道年会宣传片，对敦当项目公司的工作给予充分肯定。

省公交建集团党委副书记、总经理杨重存（前排中）调研敦当柳敦项目公司并为公司揭牌

## 52 敦当高速公路项目阿尔金山隧道作为全国隧道施工观摩交流会现场

2020年10月16日至17日，全国公路隧道学术专题研讨会暨中国公路学会隧道工程分会六届四次理事会在甘肃敦煌召开，施工现场观摩会在敦当高速公路项目DDSYⅡ合同段阿尔金山高寒高海拔特长隧道举行。此次活动以“高寒、高地震烈度、高地应力”地区隧道施工关键技术为主题。中国工程院院士、全国勘察设计大师、知名专家、隧道分会理事及理事代表以及《地下空间与工程学报》编辑等业内有关技术与管理人员共计260余人到现场进行观摩。观摩团一行深入阿尔金山隧道施工现场，先后查看了阿特拉斯液

压双臂凿岩台车、轻型高分子材料逃生管道、螺旋风带、拱脚砂箱保护装置、RPC活性粉末混凝土盖板、二次衬砌带模注浆工艺+防脱空检测、二次衬砌养生台架、二次衬砌液压钢端模、自动挂布台车+电磁焊+激光定位布点、便携式钢筋弯曲机、五新隧装湿喷台车、多功能拱架安装台车、瞬变电磁仪、快速注浆接头等先进工艺。

敦当高速公路项目阿尔金山隧道举行全国隧道施工观摩交流会（1）

敦当高速公路项目阿尔金山隧道举行全国隧道施工观摩交流会（2）

敦当高速公路项目阿尔金山隧道举行全国隧道施工观摩交流会（3）

敦当高速公路项目阿尔金山隧道举行全国隧道施工观摩交流会（4）

## 53 酒泉市公安局交通警察支队调研敦当高速公路交警营房建设情况

2020年10月28日，酒泉市公安局交通警察支队一行深入敦当高速公路项目，先后调研了敦煌北项目管理公司监控分中心和敦煌西、阿克塞交警营房。

酒泉市公安局交通警察支队调研敦当高速公路交警营房建设情况

## 54 敦当项目公司完成运营期养护从业单位招标工作

2020年11月3日，敦当项目公司顺利完成运营期养护从业单位招标事宜，确定中标单位为酒泉通达路桥有限责任公司。

## 55 敦当高速公路项目正式进入交工核验阶段

2020年11月9日，省交通质监局到敦当高速公路项目，组织开展工程质量验证性检测工作。

11月10日至13日，核验组开始对项目通车路段内的路基、路面、桥梁、交通安全设施以及内业资料进行全面审核，为敦当高速公路项目系统梳理各项遗留问题，并提出专业性指导意见。

敦当高速公路项目工程交工核验会正式召开

## 56 甘肃省人民政府批复敦当高速公路通行费收费标准及年限

2020年11月13日，甘肃省人民政府印发《甘肃省人民政府关于$G30_{11}$柳园至格尔木国家高速公路敦煌至当金山口段通行费收费标准和期限的批复》（甘政函〔2020〕105号），正式批复敦当高速公路收费标准及年限。敦当高速公路成为全省第一条将小型客车收费标准核定为每千米0.6元的国家高速公路网经营性收费公路，打破了甘肃高速公路10多年来每千米0.35元、最高不超过0.5元的定价标准。

## 57 敦当高速公路项目165千米（敦煌—阿克塞南互通式立交桥、当金山南互通式立交桥—当大高速公路起点）顺利通过交工验收

2020年11月18日，敦当高速公路165千米（敦煌—阿克塞南互通式立交桥、当金山南

互通式立交桥—当大高速公路起点）交工验收会在兰州召开。经验收小组审核讨论，认为敦当高速公路项目交工路段线形平顺、路面平整、交安及防排水设施完善，工程质量满足设计和规范要求，内业资料齐全，一致同意敦当高速公路敦煌—阿克塞南互通、当金山南互通—当大高速公路起点段165千米通过交工验收。

敦当高速公路项目敦煌—阿克塞南互通式立交桥、当金山南互通式立交桥—当大高速公路起点段交工验收会

## 58 柳格国高（$G30_{11}$）敦煌至当金山口高速公路正式阶段性通车运营

2020年11月20日，柳格国高（$G30_{11}$）敦煌至当金山口公路正式阶段性通车运营136千米。省交通运输厅、酒泉市政府、省公交建集团、各社会投资人代表及各相关单位负责人出席了通车仪式。敦当高速公路通车运营对实现连霍高速公路、京藏高速公路、柳敦高速公路以及兰新高速铁路、敦格铁路的互联互通发挥着重要作用，同时也进一步完善了甘肃西部地区路网结构，促进甘青地区立体交通网络建设，也为“一带一路”建设和“大敦煌文化旅游圈”建设提供了新的交通运输保障。

柳格国高（$G30_{11}$）敦煌至当金山口高速公路阶段性通车运营仪式

新开通的敦煌西收费站

新开通的沙枣园收费站

新开通的阿克塞东收费站

## 59 省公交建集团党委委员、副总经理丁兆民调研敦当高速公路运营管理工作及剩余路段建设情况

2020年11月21日，省公交建集团党委委员、副总经理丁兆民调研敦当高速公路运营管理工作。调研组查看了敦煌北监控分中心，详细了解敦当高速公路监控系统、收费系统及“智慧云平台”建设及运营情况。

11月22日，丁兆民深入敦当高速公路项目阿尔金山隧道施工现场，听取了敦当高速公路项目隧道质量安全管理、进度管控、信息化建设等方面的汇报，并就下阶段项目建设作出了具体要求。

## 60 报告文学《戈壁筑路人》出版发行

2020年11月23日，省交通质监局组织策划撰写的报告文学《戈壁筑路人》正式出版发行。全书共35万字，148幅插图，生动记录了敦当高速公路“品质工程”创建示范项目建设过程，讴歌了陇原交通建设者的拼搏精神、奉献精神，为陇原交通建设领域增添了一道靓丽的文化风景线。

## 61 敦当高速公路项目控制性工程阿尔金山特长隧道左线掘进突破7000米大关

2020年12月2日，敦当高速公路项目控制性工程阿尔金山特长隧道左线掘进顺利突破7000米大关，完成总量占左线全长的93.02%，左线剩余525米，右线剩余717米，极大地鼓舞了全体参建人员的士气。

## 62 敦当柳敦项目公司党总支举办“党的十九届五中全会精神暨宪法进企业主题日”专题讲座

2020年12月4日，敦当柳敦项目公司党总支举办“党的十九届五中全会精神暨宪法进企业主题日”专题讲座，敦当党支部、柳敦党支部全体党员及工作人员参加了本次讲座。讲座邀请了敦煌市委党校教授从新发展阶段、新发展目标、新发展理念、新发展格局等方面对十九届五中全会进行了深入的解读。

## 63 敦当项目公司组织开展运营期首次综合检查工作

2020年12月13日至14日，敦当项目公司组织开展敦当高速公路通车路段收费站及监控分中心综合检查。这是敦当高速公路通车运营后首次开展运营期考核检查工作。检查人员分别从收费管理、票务管理、监控管理、机电管理、站务管理、路域环境、安全管理、文明服务八个方面对“四站一中心”的运行情况进行了详细检查。

## 2020年主要建设情况

2020年，敦当项目公司圆满完成各项目标任务，于11月20日顺利实现阶段性通车运营实际通车150千米。

工程量完成情况：

路基工程：路基土石方工程已全部完成；防护工程完成64.93万立方米，占总量66.44万立方米的97.73%。

路面工程：150千米通车路段路面工程已全部完成。全线路面工程量如下：底基层完成343.75千米，占总量349.88千米的98.25%；基层完成344.46千米，占总量349.88千米的98.45%；下面层完成341.28千米，占总量349.88千米的97.54%；中面层完成358.02千米，占总量412.64千米的86.76%；上面层完成346.31千米，占总量412.64千米的83.93%。

桥涵工程：全线除红崖子沟特大桥以外，其他桥梁都已全部完成，其中红崖子沟特大桥左幅箱梁吊装已全部完成，桥面铺装完成34跨；右幅箱梁吊装已全部完成，桥面铺装完成22跨。

隧道工程：当金山隧道左、右线已贯通；阿尔金山隧道左线设计7525米，开挖完成6988米，剩余537米；右线设计7527米，开挖完成6812米，剩余715米。

交通安全工程：150千米通车路段交通安全工程已完成。全线交安工程完成工程量如下：标志、标牌基础完成95.41%；安装完成78.14%；波形钢护栏单幅累计完成588.28千米，占90.06%；防眩网累计完成156.92千米，占81%；隔离栅累计完成337.41千米，占82.38%；标线累计完成226922平方米，占70.71%。

通车路段房建工程：敦煌北项目管理公司于2020年10月8日入住办公；敦煌西匝道收费站、路政营房、交警营房、沙枣园匝道收费站、阿克塞养护工区、阿克塞立交匝道收费站、阳关服务区、阿克塞服务区、当金山北匝道收费站装饰装修完成，室外工程、附属工程已完成。

建成路段房建工程：主线收费站、超限检测站、路政营房、当金山隧道管理所、隧道变电所、隧道危险品检查站主体已完成，装饰装修完成76%，室外工程完成52%。

通信管道机电工程：通车路段150千米通信管道主干管线、横穿管、人手孔施工已全部完成。

收费系统：敦煌北分中心、敦煌西收费站、沙枣园收费站、阿克塞东收费站、阿克塞南收费站硬件设备全部安装完成，硬件调试全部完成；软件部署完成敦煌北分中心、敦煌西收费站，剩余三个收费站正在部署中；10套外场ETC门架硬件设备全部安装完成，硬件设备全部调试完成，等待远程部署软件；安全网络检测全部完成，等待出报告；称重系统标定全部完成，等待出报告。

监控系统：通车路段150千米外场监控设备全部安装完成，硬件调试全部完成，监控软件部署完成。

通信系统：通车路段敦煌北通信站、敦煌西通信站、阳关服务区通信站、沙枣园通信站、阿克塞东通信站、阿克塞养护工区通信站、阿克塞服务区通信站、阿克塞南通信站8个通信站硬件设备全部安装完成，软件调试已完成。

绿化工程：栽植乔木4900多株，栽植灌木600多株，浇筑声屏障基础785米。

敦当高速公路建设

# 大事记

# 2021年

## 1 敦当项目公司举办2021年度收费业务能力综合培训班

2021年1月11日，敦当项目公司举办2021年度收费业务能力提升培训班。本次培训邀请敦煌高速公路处业务骨干，分别从政策解读、收费业务、监控管理、票务管理、安全管理、疫情防控六个方面逐一进行详细授课。

## 2 敦当高速公路项目取得全省公路建设项目和省公交建集团在建项目"双第一"的好成绩

2021年1月，敦当高速公路项目在甘肃省交通运输厅组织的全省公路建设项目年度督查和省公交建集团建设项目年终考核中取得"双第一"的好成绩。

敦当项目公司董事长王方亮（前排右六）带头驻守项目，除夕与参建人员合影

## 3 敦当高速公路项目引导员工就地过年，掀起大干热潮

2021年2月10日，在春节来临之际，敦当项目公司根据项目建设实际，采取多种措施助力稳岗留工，引导项目员工及进城务工人员就地过年。敦当项目公司董事长王方亮带头驻守项目，并于除夕当日赴施工单位项目部驻地，与参建人员共同过春节、迎新年。

## 4 敦当项目公司开展春节期间安全生产大检查

2021年2月14日，敦当项目公司对各收费站、服务区、施工现场进行安全隐患大检查。检查组一行现场慰问了坚守一线的工作人员，查看车道执勤安全、火灾、防疫、临时用电、人员培训及专项施工方案落实、隧道监控系统运行等，同时详细了解了收费站、服务区春节期间的服务保障情况及隧道施工进度、质量安全管控等情况。

## 5 敦当柳敦项目公司党总支召开党史学习教育动员会

2021年3月7日，敦当柳敦项目公司党总支召开党史学习教育动员会，会议传达学习了习近平总书记在党史学习教育动员大会上的重要讲话精神，省委副书记、省长任振鹤在全省党史学习教育动员大会上的讲话精神，以及省公交建集团党史学习教育动员大会精神。

## 6 敦当项目公司表彰先进集体和先进工作者

2021年3月14日，敦当项目公司印发甘敦当司〔2021〕69号文件，对2020年项目建设中表现突出的省交规院、DDSY Ⅱ 合同段、DD1合同段、DD2合同段、DD3合同段、DD4合同段、DDFJ合同段、DDJD-2合同段、DDJL3合同段、DDJC1合同段授予“先进集体”称号，对刘吉祥、许小刚、邓成德、殷建刚、何海涛、潘正慧、谢炳强、金勇、高春国、梅斌、李建兴、张振国、王琪、周拥军、张旺林、龙世俊、郭文博、戴明建、吕硕授予“先进工作者”称号。

## 7 省公交建集团党委委员、监事会主席胡细如调研敦当项目公司

2021年3月15日，省公交建集团党委委员、监事会主席胡细如一行调研敦当项目公司风险防控、监事会、内部审计工作。胡细如先后查看了敦煌北监控分中心、敦煌西收费站、阳关服务区和敦当高速公路建设品质工程展馆，现场听取了敦当高速公路项目“品质工程”创建历程，详细询问了“四站一中心”的运营情况。

省公交建集团党委委员、监事会主席胡细如（左四）调研敦当项目公司

## 8 敦当柳敦项目公司党总支开展“学习党史、缅怀先烈、歌颂党恩”主题党日活动

2021年4月4日，敦当柳敦项目公司党总支组织开展“学习党史、缅怀先烈、歌颂党恩”主题党日活动。党总支全体党员走进红西路军安西战役纪念馆，回顾中国共产党百年征程，了解革命烈士的英雄事迹，重温入党誓词。

## 9 省公交建集团“百年党史大讲堂”走进敦当项目公司

2021年4月9日，省公交建集团“百年党史大讲堂”系列专题宣讲活动在敦当高速公路项目开讲。讲师从中国共产党发展的四个重要时间节点结合历史担当之伟力、科学真理之伟力、信仰信念之伟力、为民情怀之伟力和自我革命之伟力五个方面，深入宣讲了中国共产党发展壮大的艰辛历程、积累的宝贵经验、在长期奋斗中形成的优良传统作风、百年奋斗取得的辉煌成就。下午，甘肃省青年书法家协会的书法家走进敦当项目公司，开展以“写党语、感党恩”为主题的公益志愿送文化进项目活动。

## 10 敦当项目公司启动“规范运营管理暨服务质量提升年”活动

2021年4月7日，敦当项目公司启动“规范运营管理暨服务质量提升年”活动。此次活动旨在聚焦运营管理主责主业，全面开展收费运营“五优”行动、路网监控“三精”行动、养护管理“九化”行动、清障救援“四快”行动、服务区经营“四好”行动、基础管理“三更加”行动。

## 11 敦当项目公司编印《关于桥梁隧道沥青路面水泥混凝土下承层铣刨质量控制规定》

2021年4月17日，为有效解决施工中发现的钢混组合梁桥面水泥混凝土铣刨处理中抗滑构造深度偏小、钢筋头处理不到位、混凝土裂缝、铣刨不彻底等问题，敦当项目公司编印了《关于桥梁隧道沥青路面水泥混凝土下承层铣刨质量控制规定》。

## 12 敦当项目公司开展植树活动

2021年4月28日，“五一劳动节”来临之际，敦当项目公司团总支开展了“传承八棵树精神，学史力行，我为青春做点事”主题植树活动。

敦当项目公司开展植树活动

## 13 敦当项目公司召开第七次股东会

2021年5月1日，敦当项目公司召开第七次股东会。会议同意将中铁十九局集团董事变更为王枢，将敦当项目公司职工监事张秀智变更为许伟。

## 14 省公交建集团党委副书记、总经理杨重存调研督导敦当项目管理工作

2021年5月4日，省公交建集团党委副书记、总经理杨重存调研督导敦当高速公路项目管理工作，代表集团党委向坚守岗位的干部职工表示慰问。调研期间，杨重存通过视频远程查看了阿尔金山隧道进口建设情况和阶段性运营通车路段运行情况，详细询问了工程质量控制、通行费征收等工作情况，以及一线职工工作和生活情况。

## 15 敦当高速公路项目阿尔金山隧道左洞进入“百米冲刺”阶段

2021年5月13日，敦当高速公路项目阿尔金山隧道左线完成掘进7416米，进入贯通前的最后百米冲刺阶段，正式吹响了隧道左线贯通的“冲锋号”。

## 16 敦当项目公司印发《路面工程施工质量控制要求》

2021年5月17日，敦当项目公司印发《路面工程施工质量控制要求》，进一步强化提升剩余路面工程施工质量，筑牢“品质工程”质量基础。

## 17 敦当项目公司召开隧道渗水处置技术专题会议

2021年5月21日，敦当项目公司召开阿尔金山隧道渗水处置技术交底专题会议。会议对阿尔金山隧道渗水处置方案做了详细技术交底，并进一步明确了质量验收程序。

## 18 省高速公路运营服务中心督查组督查敦当项目公司

2021 年 5 月 28 日，省高速公路运营服务中心督查组到敦当项目公司督查“服务质量提升年”活动开展情况。督查组对免费车辆、鲜活农产品车辆、超时车辆、军警车、无通行介质等车辆的交易流水进行了稽查，并组织“四站一中心”进行业务技能考试。

## 19 敦当项目公司组织开展 2021 年“安全生产月”活动

2021年6月2日，敦当项目公司组织各参建单位开展以“落实安全责任、推动安全发展”为主题的全国第二十个“安全生产月”活动。敦当项目公司通过专题培训、经验推广、案例警示、知识竞赛等活动普及安全知识，弘扬安全文化，凝聚安全共识，唱响“落实安全责任，推动安全发展”主旋律，做到共性活动不走样、个性活动有创新，为庆祝建党100周年营造良好安全环境。

## 20 省公交建集团督查敦当高速公路运营管理工作

2021年6月30日至7月1日，省公交建集团对敦当项目公司运营管理、公路养护、应急保畅、疫情防控等工作进行督查。

省公交建集团督查敦当项目公司运营管理工作

## 21 甘肃省交通运输厅总工程师祁伟督导敦当高速公路项目

2021年8月2日，甘肃省交通运输厅总工程师祁伟到敦当高速公路项目督导项目建设工作，深入查看了阿尔金山隧道、红崖子沟特大桥施工情况，详细听取了敦当高速公路项目概况、隧道“四新技术”应用、机械化作业群应用、隧道突泥涌水处治措施等情况的汇报，对敦当高速公路项目在建设期间充分利用新工艺、新材料、新设备，提高隧道施工质量，保证隧道施工安全给予了充分肯定。

甘肃省交通运输厅总工程师祁伟（前排右二）督导敦当高速公路项目

# 22 甘肃省常务副省长程晓波调研敦当高速公路项目

2021年8月4日，甘肃省常务副省长程晓波调研敦当高速公路项目。程晓波强调，敦当项目公司要站位全局，慎始如终，筑牢疫情防控交通防线；要牢固树立安全生产红线意识，在阿尔金山隧道即将贯通之际，更要强化“行百里者半九十”思维，一如既往抓好安全生产管理工作；要强化交安设施施工质量控制，做好通车运营后的道路交通安全管理工作，确保公路安全畅通。

甘肃省常务副省长程晓波（左二）调研敦当高速公路项目（1）

甘肃省常务副省长程晓波（左一）调研敦当高速公路项目（2）

# 23 敦当高速公路项目阿尔金山特长隧道顺利贯通

2021年8月10日，敦当高速公路项目阿尔金山特长隧道顺利贯通。甘肃省交通运输厅副厅长石华雄、甘肃省政府国资委副主任李勇、酒泉市副市长张秀林、省公交建集团总经理杨重存、时任省公交建集团副总经理魏永辉出席隧道贯通仪式。

自阿尔金山特长隧道开工建设以来，敦当项目公司科学谋划、周密部署，潜心钻研创新技术，多次攻克突泥、涌水等地质灾害和技术难关，不断强化“以设备促工艺、以工艺保质量、以质量提品质”的建设理念，大力推行机械化集群作业，积极推广“四新技术”，全力推进项目品质工程建设，历经六载，顺利完成了甘肃省“高原第一隧”阶段性建设任务。

敦当高速公路项目阿尔金山特长隧道顺利贯通

## 24 省公交建集团党委副书记、总经理杨重存在敦当项目公司召开座谈会

2021年8月12日，省公交建集团党委副书记、总经理杨重存，时任党委委员、副总经理魏永辉在敦当项目公司与敦当、柳敦公司职工进行交流座谈，详细了解各公司人力资源结构，并听取职工们的意见和建议。

省公交建集团党委副书记、总经理杨重存一行在敦当项目公司召开座谈会

## 25 时任省公交建集团党委委员、副总经理魏永辉在敦当项目公司做“学习贯彻习近平总书记七一重要讲话精神”专题宣讲

2021年8月12日，为深入学习贯彻习近平总书记在庆祝中国共产党成立100周年大会上的重要讲话精神，时任省公交建集团党委委员、副总经理魏永辉在敦当项目公司做“学习贯彻习近平总书记七一重要讲话精神”专题宣讲。

魏永辉从“深刻领会习近平总书记‘七一’重要讲话的重大意义”“深入领会习近平总书记重要讲话提出的一系列新思想、新观点、新要求”“推进习近平总书记‘七一’重要讲话精神在集团公司落地生根，在新赶考路上做好企业提速高质量发展答卷”三个方面，对习近平总书记“七一”重要讲话精神作了全面详细的阐述，带领大家一起深刻领会和把握讲话的丰富内涵、核心要义和实践要求。

## 26 敦当项目公司启动第二批收费人员招聘工作

2021年9月17日，敦当项目公司正式启动第二批收费人员招聘工作。本次招聘按照公平、公正、公开、属地、择优的原则，面向社会招聘收费人员44人，主要负责敦当高速公路项目阿克塞南至终点段本年内通车段落的收费、监控、票务、隧道巡检等工作。

## 27 敦当项目公司举办第六届秋季运动会

2021年10月7日，敦当项目公司举办“庆双节、迎通车、创品质、树团队”第六届秋季运动会。

敦当项目公司举办第六届秋季运动会

## 28 省公交建集团党委书记、董事长田广慈调研敦当高速公路项目

2021年10月11日，省公交建集团党委书记、董事长田广慈在敦当高速公路项目调研，并慰问项目建设一线职工。田广慈先后深入阿尔金山隧道、红崖子沟特大桥等施工现场，实地查看项目建设情况，并听取项目质量、安全、进度、环水保工作的管控措施，以及微改微创新及科技创新成果、机械化作业群施工、隧道突泥涌水处治及“智慧高速综合管理云平台”应用等情况的汇报。随后田广慈参观了敦当高速公路建设品质工程展馆，对项目在建设期多次取得上级单位的高度评价及各项管理工作取得的成绩给予肯定。

省公交建集团党委书记、董事长田广慈（左二）调研敦当高速公路项目（1）

省公交建集团党委书记、董事长田广慈（右二）调研敦当高速公路项目（2）

## 29 敦当项目公司主编的《马小五打工记——公路施工安全科普漫画》获全国优秀公路科普作品三等奖

2021 年 10 月 29 日，中国公路学会公布 2021 年全国公路优秀科普作品名单。其中，敦当项目公司主编的《马小五打工记》安全宣传科普漫画荣获 2021 年度全国公路优秀科普作品图书类三等奖。

## 30 敦当项目公司积极开展冰雪天气下道路应急保畅工作

2021年11月5日下午，酒泉市敦煌市、阿克塞哈萨克族自治县境内迎来当年首场降雪。敦当项目公司迅速反应，协调联系交警、路政部门对降雪路段实施交通管制措施，同时安排收费、清障、养护等各个单位与部门立即开展道路保畅工作，共投入大型除雪设备3台、物资运输车3辆、各类驾驶员及保障人员15人。除雪过程采取阶梯式、多点同时、机械为主、人工为辅的作业方式，加强养护工作的时效性，提高工作效率，在规定时间内高质量完成了除雪任务，确保公路在特殊天气下安全畅通。

敦当项目公司开展打冰除雪应急保畅工作

# 31 敦当高速公路项目荣获中国公路学会“2021 年度交通投融资年度项目创新奖”一等奖

2021 年 11 月 30 日，中国公路学会组织开展了“2021 中国交通投融资年度项目创新奖”评选活动，由敦当项目公司组织实施的“甘肃省公路设施建管养一体化信息化集成服务平台示范试点项目”荣获一等奖。

# 32 敦当项目公司组织开展疫情防控应急演练

2021 年 12 月 4 日，敦当项目公司联合阳关交警大队、敦煌高速公路路政大队在敦煌西收费站组织开展了新冠肺炎疫情防控应急演练。

敦当项目公司组织开展疫情防控应急演练 (1)

敦当项目公司组织开展疫情防控应急演练（2）

敦当高速公路建设

# 大事记

## 2022年

## 1 敦当高速公路项目获评全国公路重大工程新闻宣传“十佳项目”

2022 年 1 月 7 日，由中国交通报社与中国交通报刊协会联合组织的全国公路重大工程新闻宣传“十佳项目”推选展示活动完成终评，敦当高速公路项目成为甘肃省内唯一获此殊荣的项目。

## 2 敦当高速公路项目剩余路段顺利通过交工验收

2022 年 1 月 18 日，敦当高速公路项目剩余路段，大巴特沟（大鄂博图沟）大桥至当金山南危险品检查站交工验收会在兰州召开。交工验收小组认为，敦当项目交工路段线形流畅平顺，路面平整密实，桥梁美观整洁，隧道便捷舒适，交安机电设施完善，工程质量检验合格，同意通过交工验收。此次交工验收会顺利通过，标志着敦当高速公路项

敦当高速公路项目剩余路段交工验收会

目建设任务全部完成，并具备了全线通车运营的条件。从此甘青大环线西段（张掖—嘉峪关—敦煌—阿克塞—大柴旦）将实现全程高速化，全国十大危险路段G215线当金山段将拥有安全绕行方案。

## 3 敦当项目公司获2021年度省公交建集团“先进单位”荣誉称号

2022年2月18日，省公交建集团召开年度工作会议暨改革三年行动推进会议，会议表彰了省公交建集团2021年度先进单位、先进集体及先进个人，敦当项目管理公司获省公交建集团“先进单位”荣誉称号。

## 4 敦当高速公路项目被甘肃省交通运输厅授予甘肃省公路水运“品质工程创建优秀案例项目”

2022年3月22日，甘肃省交通运输厅印发《甘肃省交通运输厅关于授予敦当高速、双达一级公路为甘肃省公路水运“品质工程创建优秀案例项目”的通报》（甘交建设函〔2022〕63号），敦当高速公路项目被评为甘肃省公路水运“品质工程创建优秀案例项目”。

## 5 柳格国高（$G30_{11}$）敦煌至当金山口高速公路全线通车运营

2022年3月15日，敦当高速公路项目实现全线通车运营，项目建设画上了圆满句号。

敦当高速公路建设

大事记

# 附 录

# 附录一

## 参建单位信息

### 一、建设单位

甘肃敦当高速公路项目管理有限公司

### 二、设计单位

甘肃省交通规划勘察设计院股份有限公司

### 三、中心试验室

DDSYZX 试验段中心试验室（甘肃省公路工程质量试验检测中心有限公司）
DDSYZX-2 试验段中心试验室（甘肃省公路工程质量试验检测中心有限公司）
DDJC-1 中心试验室（甘肃智通科技工程检测咨询有限公司）
DDJC-2 中心试验室（甘肃省公路工程质量试验检测中心有限公司）

### 四、品质工程及路面施工技术咨询单位

苏交科集团股份有限公司

### 五、总监办

深圳高速工程顾问有限公司

### 六、环境保持监理及监测技术服务

山西省交通环境保护中心站（有限公司）

### 七、水土保持监理及监测技术服务

甘肃省水利水电勘测设计研究院有限责任公司

## 八、驻地监理单位

DDSYJL-1试验段第一驻地监理办（山东格瑞特监理咨询有限公司）

DDSYJL-2试验段第一驻地监理办（北京德通达交通工程监理咨询有限责任公司）

DDJL1施工总承包土建第一驻地监理办（甘肃华顺交通科技咨询有限责任公司）

DDJL2施工总承包土建第二驻地监理办（山东格瑞特监理咨询有限公司）

DDJL3施工总承包土建第三驻地监理办（甘肃新科建工监理咨询有限公司）

DDJL4施工总承包土建第四驻地监理办（内蒙古华讯工程咨询监理有限责任公司）

DDFJJL施工总承包房建、绿化驻地监理办（中铁华铁工程设计集团有限公司）

DDJDJL施工总承包机电驻地监理办（北京泰克华诚技术信息咨询有限公司）

DDDLJL敦当330千伏、750千伏电力迁改设计施工总承包驻地监理办（甘肃诺鑫工程监理咨询有限公司）

## 九、施工单位

DDSYⅠ试验段第一合同段（原西部中大建设集团股份有限公司，现更名为华邦建投集团股份有限公司）

DDSYⅡ试验段第二合同段（甘肃路桥建设集团有限公司）

DDSYⅢ试验段第三合同段（中铁二十三局集团有限公司）

DD1土建施工总承包第一合同段（中铁十九局集团有限公司）

DD2土建施工总承包第二合同段（中铁十五局集团有限公司）

DD3土建施工总承包第三合同段（中铁五局集团有限公司）

DD4土建施工总承包第四合同段（甘肃万泰建设工程有限公司）

DDJD机电施工总承包合同段（甘肃新网通科技信息有限公司）

DDJD-2机电施工第二合同段（兰州朗青交通科技有限公司）

DDFJ房建施工总承包合同段（原甘肃华恒建筑工程有限公司，现改组为甘肃新发展城市开发建设运营集团有限公司）

DDLH绿化施工总承包合同段（甘肃华运环境建设工程股份有限公司）

## 十、交（竣）工检测单位

DDSYJC-1试验段交竣工检测合同段（招商局重庆交通科研设计院有限公司）

DDJGJC-1 合同段（负责DD1、DD2、DDLH合同段）交工验收质量检测（甘肃省交通规划勘察设计院股份有限公司/武汉国检检测技术有限公司）

DDJGJC-2 合同段（负责DD3、DD4合同段）交工验收质量检测（中咨公路养护检测技术有限公司/包头市鑫隆无损检测技术有限责任公司）

FJJJG-JC合同段（负责DDFJ合同段）交工验收质量检测（甘肃省公路工程质量试验检测中心有限公司）

JDJJG-JC合同段（负责DDJD、DDJD-2合同段）交工验收质量检测（甘肃省公路工程质量试验检测中心有限公司）

## 十一、甘肃省公路设施建管养一体化信息化集成服务平台

JYPT-1合同段（兰州朗青交通科技有限公司/深圳高速工程顾问有限公司）

## 十二、养护从业单位

酒泉通达路桥有限责任公司

# 附录二

## 敦当高速公路项目控制性工程简介

当金山特长隧道：位于酒泉阿克塞自治县境内，自西北向南东向斜穿当金山和阿尔金山山脉，进口端位于当金山北坡，出口端位于大鄂博头沟左岸，隧道进出口洞门均采用端墙式。隧道起讫桩号为右幅 278 千米 +350 米（左幅 278 千米 +351 米）—右幅 282 千米 +768 米（左幅 282 千米 +792 米），总长右幅 4418 米 ( 左幅 4441 米 )，纵坡为 1.9%，最大埋深 460 米，属高寒干旱地区双洞石质隧道。主要围岩类型为三、四、五级，其中，三级围岩 1760 米，占隧道总长度的 19.8%，四级围岩 5860 米，占隧道总长度的 66.2%，五级围岩 1215 米，占隧道总长度的 13.7%。

大鄂博图沟特大桥：地处海拔 3300 米的酒泉市阿克塞哈萨克族自治县内，桥梁全长 2607.45 米，桥面宽 12.5 米， 是甘肃境内高原气候条件下第一座特大桥。下部墩台基础均采用钻孔灌注桩，桥台为柱式台，桥墩为圆柱式墩、方墩和空心薄壁墩 3 种，墩高小于 30 米桥墩采用圆柱式与方墩形式，大于 30 米桥墩采用空心薄壁墩，最高桥墩 63.5 米 。大巴特沟特大桥左幅采用 52 跨 ×40 米 +24 跨 ×20 米预应力混凝土预制箱梁，右幅采用 52 跨 ×40 米 +26 跨 ×20 米预应力混凝土预制箱梁，单幅每孔 4 片梁，其中 20 米箱梁 200 片，40 米箱梁 416 片，共计 616 片。

阿尔金山特长隧道：起点位于酒泉阿克塞自治县西南方大鄂博图沟谷内，终点位于当金山南坡，为分离式双洞隧道，双向四车道。右线长 7527 米，左线长 7525 米，总长度 15052 米，最大埋深 530 米，属于高寒干旱地区石质特长隧道。主要围岩类型为三、四、五级围岩，其中，三级围岩 2720 米，占隧道总长度的 18%，四级围岩 7677.3 米，占隧道总长度的 51%，五级围岩 4603.7 米，占隧道总长度的 31%。主洞洞门结构型式进口为端墙式，出口为削竹式。隧道设有通风斜井一处，通风斜井长 1401 米，纵坡 –14.88%（8.47°），三级围岩 370 米，占斜井总长度的 26.6%，四级围岩 280 米，占斜井总长度的 20.2%，五级围岩 730 米，占斜井总长度的 52.6%。斜井洞门结构型式进口为端墙式。

# 附录三

## 参建主要人员信息

### 甘肃敦当高速公路项目管理有限公司

| 1. 董事会 | | | | | |
|---|---|---|---|---|---|
| 董事长<br>（任职时间） | 王方亮<br>（2018.6—） | | | | |
| 董事① | 宋 文<br>（2018.12—2021.8） | 马 龙<br>（2018.12—） | 李云国<br>（2018.12—） | 孔 亮<br>（2018.12—2021.05） | 王占军<br>（2018.12—2019.03） |
| 董事② | 丁 旭<br>（2018.12—2020.06） | 周富春<br>（2019.03—） | 徐鸿儒<br>（2020.06—2021.08） | 王 枢<br>（2021.05—） | 窦志强<br>（2021.08—） |
| 董事③ | 陈仲明<br>（2021.08—） | | | | |
| 2. 监事 | | | | | |
| 监事 | 刘 中<br>（2018.12—2019.6） | 伏浩元<br>（2018.12—2021.8） | 张秀智<br>（2020.9—2021.05） | 许 伟<br>（2021.05—） | 高美玲<br>（2021.08—） |
| 3. 经营层 | | | | | |
| 总经理 | 王方亮<br>（2018.12—2019.1） | 陈海明<br>（2019.01-2020.4） | 刘 杰<br>（2020.4—2020.06） | 汪小东<br>（2020.6—2022.5） | 刘 杰<br>（2022.6—） |
| 常务副总经理 | 王方亮<br>（2016.5—2018.6） | 刘 杰<br>（2020.6—2022.5） | | | |
| 总工程师 | 刘 杰<br>（2016.5—2020.4） | | | | |
| 副总经理 | 陈海明<br>（2016.5—2018.12） | 曹 晖<br>（2016.10—2017.10） | 周富春<br>（2018.12—） | 王成军<br>（2018.12—） | 李云国<br>（2018.12—） |
| 财务总监 | 张秀智<br>（2020.9—2022.4） | | | | |
| 4. 业务科室 | | | | | |
| 工程技术科 | 科 长：常晓光（2016.5—2022.03） | 科员：马小军（2016.9—2018.6） 宋建强（2017.7—2021.8）<br>金 刚（2018.7—2022.3） 刘亚军（2017.6—2018.6）<br>张 明（2019.7—2022.5） | | | |
| 质量监理科 | 负责人：杨 涛（2016.11—2017.4）<br>科 长：马 龙（2017.5—2021.08）<br>负责人：周富春（2021.9—） | 科员：许 伟（2016.4—2022.05） 张永成（2016.11—2017.10）<br>常伟学（2018.7—2020.9） 王 寅（2018.7—2021.1）、<br>杨 鹏（2019.7—2022.3） | | | |
| 安全管理科 | 负责人：曹 勇（2016.4—2017.04）<br>科 长：杨 涛（2017.5—2021.03） | 科员：曹 勇（2017.5—2019.3） 杜升云（2018.7—2022.3） | | | |
| 征迁协调科 | 负责人：陶亚平（2016.11—2017.4）<br>科 长：吕 鹏（2017.5—2022.03） | 科员：冯康山（2016.4—2019.3） 陈墨冲（2019.3—2020.7） | | | |

| | | |
|---|---|---|
| 财务资产科 | 科　长：张秀智（2017.5—2020.09）<br>负责人：张秀智（2020.10—） | 科员：杨　璐（2018.7—2020.3）　郭睿霞（2019.7—2020.7）<br>刘　航（2019.4—2021.6）　贺　璐（2020.11—）<br>康文发（2020.10—） |
| 综合办公室 | 负责人：陈玉宝（2016.5—2016.11）<br>主　任：张秀智（2017.5—2020.08）<br>负责人：马　龙（2020.9—2020.10）<br>负责人：杨　涛（2020.11—2021.3）<br>负责人：许　伟（2021.4—2022.06）<br>主　任：候文卓（2022.6—） | 科员：杨　亮（2016.4—2020.7）　张顺利（2016.7—2018.5）<br>赵显耀（2017.7—2017.10）　王昊天（2017.7—2018.10）<br>张丽珺（2018.7—2020.7）　常伟学（2020.9—2020.12）<br>蒋铭华（2020.1—2022.06）　陈旭东（2019.7—）<br>权文秀（2020.11—） |

## 设计单位

| 合　同　段 | 项目负责人 | 设计后续服务组（负责人：庞小冲）（任职时间） | | |
|---|---|---|---|---|
| 甘肃省交通规划勘察设计院股份有限公司施工图勘察设计合同段 | 曾志刚 | 杨甲晖<br>（2016.4—2016.9）<br>裴安邦<br>（2016.9—2017.5） | 常亚林<br>（2017.5—2019.11）<br>吕　硕<br>（2019.12—2022.3） | 焦秦州<br>（2018.10—2020.5）<br>戴明建<br>（2020.5—2022.3） |

## 中心试验室

| 序号 | 合　同　段 | 主任（任职时间） | | 副主任<br>（任职时间） | 技术负责人<br>（任职时间） |
|---|---|---|---|---|---|
| 1 | 甘肃智通科技工程检测咨询有限公司 DDJC1 合同段 | 李　娟<br>（2019.2—2021.11） | — | 高小炬<br>（2019.2—2021.11） | 高　博<br>（2019.2—2021.11） |
| 2 | 甘肃省公路工程质量试验检测中心有限公司 DDJC2 合同段 | 吴金民<br>（2019.2—2021.11） | — | 陈美娜<br>（2019.2—2021.11） | 车俊霖<br>（2019.2—2021.11） |
| 3 | 甘肃省公路工程质量试验检测中心有限公司 DDSYZX 合同段 | 吴金民<br>（2016.7—2017.7） | 李　刚<br>（2017.7—2021.5） | 龙世俊<br>（2016.7—2021.11） | 丁维建<br>（2016.7—2021.11） |
| 4 | 甘肃省公路工程质量试验检测中心有限公司 DDSYZX-2 合同段 | 吴金民<br>（2016.12—2017.4） | 石学艺<br>（2017.4—2018.12） | 靳剑勇<br>（2016.12—2018.12） | 徐聪天<br>（2016.12—2018.12） |

## 品质工程及路面施工技术咨询单位

| 合　同　段 | 项目负责人 | 现场服务人员（任职时间） | | | |
|---|---|---|---|---|---|
| 苏交科集团股份有限公司 DDJSZX 合同段 | 曹荣吉 | 杨惠宇<br>（2019.3—2019.12） | 吴柏林<br>（2019.3—2019.7） | 花红桂<br>（2019.7—2021.3） | 贺　健<br>（2019.3—2020.12）<br>柯　兴<br>（2021.3—2021.10） |

## 总监理工程师办公室

| 合　同　段 | 总监理工程师（任职时间） | | 监理组长<br>（任职时间） | 合同监理工程师<br>（任职时间） | 隧道监理工程师<br>（任职时间） |
|---|---|---|---|---|---|
| 深圳高速工程顾问有限公司 DDZJ 合同段 | 曹　峰<br>（2016.7—2021.8） | 潘正慧<br>（2021.8—2022.03） | 曹　龙<br>（2016.9—2021.11） | 潘正慧<br>（2017.4—2021.8） | 李中有<br>（2016.7—2021.11） |

## 驻地监理工程师办公室

| 序号 | 合同段 | | 驻地高监<br>（任职时间） | 驻地副高监<br>（任职时间） | 监理组长<br>（任职时间） |
|---|---|---|---|---|---|
| 1 | 甘肃华顺交通科技咨询有限责任公司 DDJL1 合同段 | 张建光<br>（2019.2—2021.11） | — | 高春国<br>（2019.2—2021.11） | 王　奇<br>（2019.2—2021.11） |
| 2 | 山东格瑞特监理咨询有限公司 DDJL2 合同段 | 夏和平<br>（2019.2—2020.5） | 梅　斌<br>（2020.5—2021.11） | 梅　斌<br>（2019.2—2020.5）<br>张军科<br>（2020.5—2021.11） | 王　建<br>（2019.2—2021.11） |
| 3 | 甘肃新科建工监理咨询有限公司 DDJL3 合同段 | 刘鹏舟<br>（2019.2—2019.3） | 李建兴<br>（2019.3—2021.11） | 裴　染<br>（2019.2—2021.11） | 涂　江<br>（2019.2—2021.11） |
| 4 | 内蒙古华讯工程咨询监理有限责任公司 DDJL4 合同段 | 刘　惠<br>（2019.3—2020.4） | 丁玉东<br>（2020.4—2021.11） | 孙　健<br>（2019.3—2020.7）<br>李旭航<br>（2020.7—2021.11） | 傅应雄<br>（2019.3—2020.4）<br>高彬<br>（2020.4—2021.11） |
| 5 | 中铁华铁工程设计集团有限公司 DDFJJL 合同段 | 常　伟<br>（2019.3—2020.5） | 周拥军<br>（2020.5—2021.11） | 周拥军<br>（2019.3—2020.5）<br>冯文吉<br>（2020.5—2021.11） | 沈正英<br>（2019.3—2021.11） |
| 6 | 北京泰克华诚技术信息咨询有限公司 DDJDJL 合同段 | 陈　雷<br>（2019.2—2020.7） | 贺实意<br>（2020.7—2021.11） | 王　琪<br>（2019.2—2021.11） | 焦强昱<br>（2019.2—2021.11） |
| 7 | 山东格瑞特监理咨询有限公司 DDSYJL1 合同段 | 孙志磊<br>（2015.12—2016.10） | 谢炳强<br>（2016.10—2021.11） | 毕宏建<br>（2015.12—2020.7）<br>任建平<br>（2020.8—2021.11） | 王　佳<br>（2015.12—2018.6）<br>樊小强<br>（2018.7—2021.11） |
| 8 | 北京德通达交通工程监理咨询有限责任公司 DDSYJL2 合同段 | 金　勇<br>（2016.12—2019.10） | | 刘乐民<br>（2016.12—2017.3）<br>张永国<br>（2017.3—2019.10） | 王　钊<br>（2016.12—2019.10） |
| 9 | 山西省交通环境保护中心站（有限公司）DDHBJL 合同段 | 王建辉<br>（2019.8—2021.11） | | 王意龙<br>（2019.8—2021.11） | 杨　磊<br>（2019.8—2020.6）<br>郭文博<br>（2020.6—2021.11） |
| 10 | 甘肃省水利水电勘测设计研究院有限责任公司 DDSBJL 合同段 | 刘仲元<br>（2019.3—2019.4） | 张旺林<br>（2019.5—2021.11） | 王拥勤<br>（2019.3—2021.11） | 王志成<br>（2019.3—2021.11） |

## 施工单位

| 序号 | 合 同 段 | 项目经理（任职时间） | 项目总工（任职时间） | 常务副经理（任职时间） | 生产副经理（任职时间） | 安全负责人（任职时间） |
|---|---|---|---|---|---|---|
| 1 | 中铁十九局集团有限公司DD1合同段 | 李宝成（2018.12—2021.11） | 赵　军（2018.12—2021.11） | 刘晓东（2018.12—2021.11） | 王君峰（2018.12—2020.4）张明松（2020.4—2021.11） | 张一宁（2018.12—2021.11） |
| 2 | 中铁十五局集团有限公司DD2合同段 | 袁　鹰（2018.12—2021.11） | 李剑恒（2018.12—2021.11） | 张心贤（2018.12—2019.11）张率兵（2020.11—2021.11） | 宋增强（2018.12—2021.11） | 邹　平（2018.12—2019.11）张心贤（2019.12—2021.11） |
| 3 | 中铁五局集团有限公司DD3合同段 | 华登攀（2018.12—2021.11） | 韩静伟（2018.12—2021.11）卢卫新（副）（2018.12—2020.11） | 陈小明（2018.12—2019.04）王龙安（2018.12—2021.11） | 赵昌盛（2018.12—2021.11） | 刘安全（2018.12—2021.11） |
| 4 | 甘肃万泰建设工程有限公司DD4合同段 | 王元弟（2018.12—2021.11） | 彭维弟（2018.12—2021.11） | 米小强（2018.12—2020.1）肖德高（2020.1—2021.11） | 刘　辉（2018.12—2020.1）樊金虎（2020.1—2021.11） | 于爱华（2018.12—2021.03） |
| 5 | 甘肃华恒建筑工程有限公司DDFJ合同段 | 赵银栓（2018.12—2021.11） | 奎建刚（2018.12—2021.11） | 陈耀强（2018.12—2020.1）李　磊（2020.1—2021.11） | 魏　龙（2018.12—2020.2）陈　龙（2020.2—2021.11） | 徐亚宁（2018.12—2021.11） |
| 6 | 甘肃恒泰建筑安装工程有限公司房建分包部 | 许小刚（2019.10—2021.11） | 王　莉（2019.10—2021.11） | 刘俊清（2019.10—2021.11） | 陈霖江（2019.10—2021.11） | 冯　荣（2019.10—2021.11） |
| 7 | 甘肃新网通科技信息有限公司DDJD合同段 | 殷建刚（2018.12—2021.11） | 张　伟（2018.12—2021.11） | 李欣娜（2018.12—2021.12） | 冯　雷（2018.12—2020.3）牛志远（2020.3—2021.11） | 何菲娜（2018.12—2021.11） |
| 8 | 兰州朗青交通科技有限公司DDJD—2合同段 | 王建民（2020.4—2020.9）郭世军（2020.9—2021.11） | 张敏阳（2020.4—2020.9）李　斌（2020.9—2021.11） | 赵有春（2020.4—2021.11） | 王瑞锋（2020.4—2021.11） | 任立轩（2020.4—2021.11） |
| 9 | 甘肃华运环境建设工程股份有限公司DDLH合同段 | 刘文婷（2018.12—2021.11） | 杨　泓（2018.12—2021.11） | 马建明（2018.12—2021.1）牛　亮（2021.1—2021.11） | 何海涛（2018.12—2020.12）索宝星（2020.12—2021.11） | 狄国军（2018.12—2021.11） |
| 10 | 华邦建投集团股份有限公司DDSY1合同段 | 曾联金（2016.4—2019.5）任利锋（2019.5—2021.11） | 叶建民（2016.4—2021.11） | 刘吉祥（2016.4—2021.11） | 莫佳程（2016.4—2018.6）杨小文（2018.7—2021.11） | 何清平（2016.4—2019.5）范贵鸿（2019.6—2021.11） |

续上表

| 序号 | 合 同 段 | 项目经理（任职时间） | 项目总工（任职时间） | 常务副经理（任职时间） | 生产副经理（任职时间） | 安全负责人（任职时间） |
|---|---|---|---|---|---|---|
| 11 | 甘肃路桥建设集团有限公司 DDSY2 合同段 | 王 海（2015.12—2021.11） | 何赟龙（2015.12—2018.7）<br>范 标（2018.7—2021.11） | 闫有民（2015.12—2021.11） | 杨 鹏（2015.12—2019.11）<br>刘 豪（2019.11—2021.11） | 王平寿（2015.12—2020.6）<br>张 盼（2020.6—2021.11） |
| 12 | 中铁二十三局集团有限公司 DDSY3 合同段 | 孙 凯（2016.12—2019.6） | 郭克祥（2016.12—2019.6） | 邓承德（2016.12—2019.6） | 韩起宝（2016.12—2018.6）<br>郭 明（2018.7—2019.6） | 张宝和（2016.12—2017.5）<br>范丁川（2017.5—2019.6） |

## 附录四

# 《公路情》

林 铎

伴着雨雪风沙
转过路边桥头
冬去春来
你的身影停停走走
多少回亲人团聚
成为梦中游
多少回青春失约
寂寞黄昏后
又是春意融融
你却难得享受
夏日炎炎
你的身上汗水长流
秋风起
大雁南飞从你头上过
冬雪中万家贺岁
你一人在外头
你默默地成为一块铺路的石头
让中国的公路连通九州
你悄悄地延伸
延伸生命的历程
让今天的奉献功照千秋

# 柳格国高（$G30_{11}$）敦煌至当金山口公路平面图

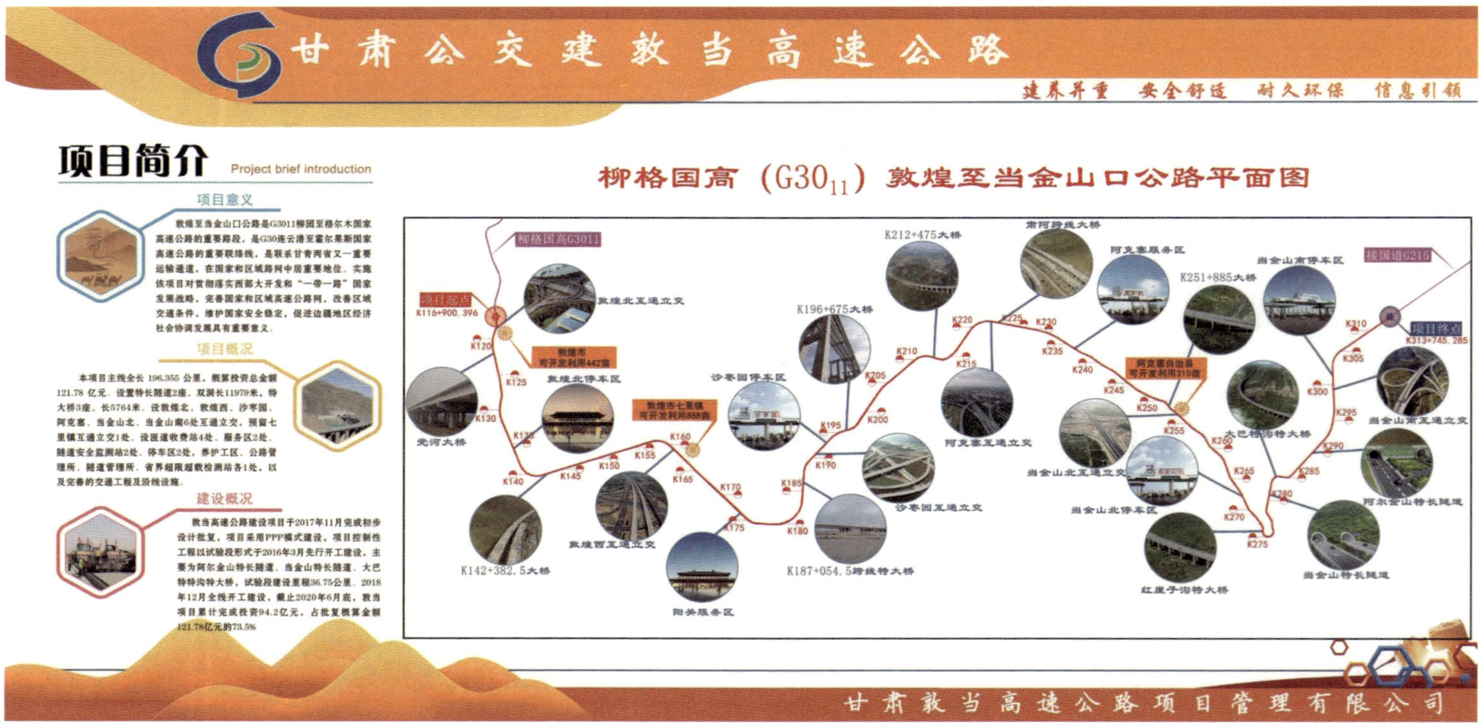

# 附录六

## 建设掠影

2020 年 3 月 25 日，甘肃省委书记、省人大常委会主任、省新冠肺炎疫情联防联控小组组长林铎（前排左五）莅临敦当高速公路项目海拔 3360 米的阿尔金山特长隧道出口，实地调研敦当高速公路项目复工复产工作时与参建人员合影

2020 年 5 月 28 日，甘肃省委常委、政法委书记胡焯（第二排左五）莅临敦当高速公路项目调研建设工作时，在当金山隧道与敦当高速公路项目参建人员合影

蚊虫肆虐之下的苏干湖畔筑路人

项目沿途风光

建设中的大鄂博图沟特大桥

党河大桥鸟瞰图

2019 年 7 月 20 日 DD3 合同段底基层试验段开铺

建设中的跨敦格铁路及 G215 分离式特大桥

2019 年 9 月 21 日阿尔金山特长隧道进口右线发生突泥涌水灾害

建设中的跨肃阿公路及敦格铁路分离式大桥

路面水泥稳定底基层施工

建设中的红崖子沟特大桥

建设中的路面水泥稳定基层，采用宽幅大厚度一次铺筑技术施工

质量控制之一斑——2017 年 10 月 6 日 K278+075 涵洞台背当金山侧第十八层压实度检测

质量控制之一斑——大鄂博图沟特大桥箱梁蒸汽养生

沥青路面施工

坦途控广漠

阳关服务区鸟瞰图

敦煌西互通式立交桥鸟瞰图

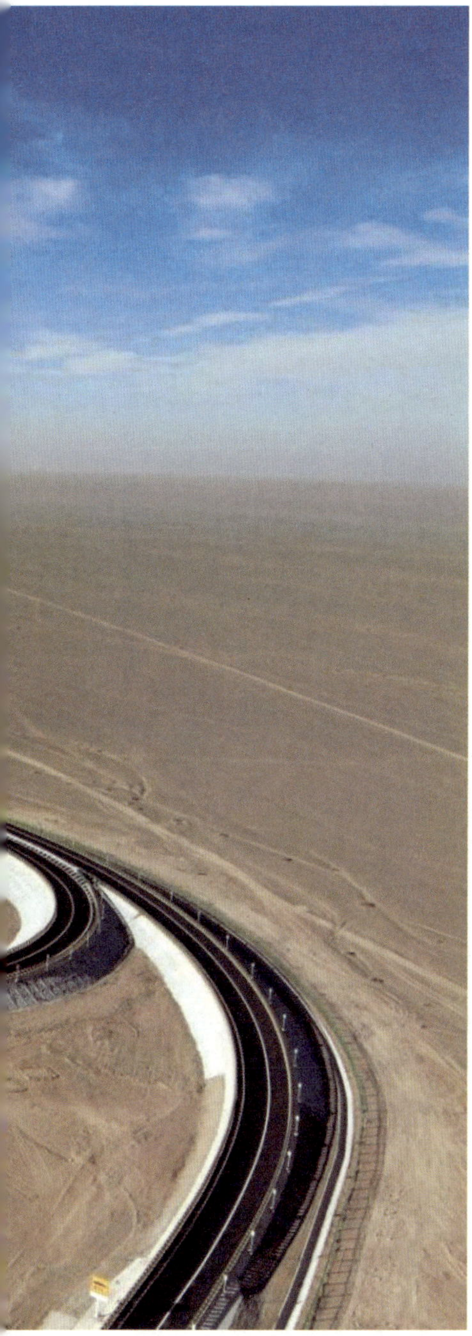

跨敦格铁路及 G215 线分离式特大桥鸟瞰图

沙枣园互通式立交桥鸟瞰图

阿克塞东互通式立交桥鸟瞰图

跨肃阿公路及敦格铁路分离式大桥鸟瞰图

阿克塞服务区鸟瞰图

当金山南菱形互通式立交桥鸟瞰图

敦当高速风景之山舞银蛇（跨肃阿公路及敦格铁路分离式大桥）

五彩丹霞

敦当高速公路阶段性通车运营——领导观摩敦当项目公司品质工程展览馆

戈壁沙海中的逆行者

阳关服务区全景鸟瞰图

敦当高速公路孔家庄互通

建成的跨 G215 线特大桥

蜿蜒穿行当金山腹中的大鄂博图沟特大桥

陇上高原第一隧道：阿尔金山隧道建成实景

当金山北麓的敦当高速公路鸟瞰

热熔盐发电池旁的敦当高速公路

剑指当金山——建成的红崖子沟特大桥鸟瞰图（1）

剑指当金山——建成的红崖子沟特大桥鸟瞰图（2）

敦当高速公路项目终点——甘青交界处